관계의 힘

Copyright ⓒ 2013, 레이먼드 조
이 책은 한국경제신문 한경BP가 발행한 것으로
본사의 허락없이 이 책의 일부 또는 전체를 복사하거나 전재하는 행위를 금합니다.

상처받지 않고 행복해지는
관계의 힘

레이먼드 조 지음

한국경제신문

차례

프롤로그 _ 세상에서 가장 작은 포옹 / 8

1부

어떤 장례식 / 16

이상한 노인 / 24

줄을 잡다 / 31

조이사의 수수께끼 / 45

2부

종이배를 띄우다 / 62

첫 번째 친구 / 67

관계 지향적 인간 / 81

엘리베이터 / 92

두 번째 친구 / 98

청산가리와 돈가방 / 112

다시, 만남 / 123

낯선 배웅 / 138
세 번째 친구 / 142
인생의 의미 / 165
네 번째 친구 / 178

3부

배신 / 196
담장을 넘다 / 208
동행 / 215
선택 / 232
1년 후 / 242

에필로그 _ 마지막 친구 / 255

나 혼자서는 따로 행복해질 수 없다.
원하든 원하지 않든 우리는 서로 연결되어 있기 때문이다.
달라이 라마

행복의 90%는 인간관계에 달려 있다.
키르케고르

프롤로그

세상에서 가장 작은 포옹

마지막 여름날 노인이 말했다.

"신팀장, 내 성공의 진짜 비밀을 알려줄까?"

노인은 발명가이자, 기업가이자, 어마어마한 부자였다.

신은 비장하게 고개를 끄덕였다.

노인은 조심스레 귓속말로 비밀을 털어놨다.

"운이 좋았어."

신은 한심스럽다는 듯 노인을 쳐다봤다.

"정말이야. 내 주위에 나보다 똑똑하고 나보다 열심히 노력한 사람들이 얼마나 많았는데. 하지만 나만큼 돈을 많이 번 사람은 없었지. 사실 이른바 사회 명사들이 이것저것 성공의 이유를 갖다 붙이는 이유는 자기가 운으로 성공했다고 인정하기 싫어서지."

신이 쏘아붙이듯 물었다.

"정말로 운이 성공 비결의 전부였습니까?"

노인은 잠시 생각에 잠겼다.

그러더니 노인은 자신에게 남과 달랐던 점이 하나 있었다고 말했다.

"다른 사람들이 성공을 상상할 때, 나는 사람을 상상했지."

신은 사람을 상상한다는 게 도대체 무슨 뜻이냐고 물었다.

"한번 상상해보게."

노인은 항상 그런 식이었다.

또 한번은 노인이 신 옆에 단짝친구처럼 붙어 앉아 말했다.

"신팀장, 표정이 왜 그런가? 꼭 혼자 궁상떠는 중학생 같은걸."

직장상사와 부하직원 때문에 머리가 지끈거렸던 신은, 도대체 다들 무슨 생각을 하고 사는지 모르겠다고 한탄했다.

"알고 싶나? 사람들이 무슨 생각을 하는지, 속내가 뭔지?"

신은 이번에도 비장하게 고개를 끄덕였다.

노인은 또 귓속말로 말했다.

"그 사람을 사랑하면 돼. 그럼 그의 모든 걸 알 수 있어."

신은 허탈함을 넘어 화까지 났다.

"말이 되는 소리를 하세요. 당장이라도 옥상에 끌고 가서 쥐어 패주고 싶은 놈을 어떻게 사랑하란 말입니까?"

"못할 건 또 뭔가?"

노인은 주머니에서 딸기맛 사탕을 꺼내서 먹었다.

"음, 들려주고 싶은 이야기가 있는데…."

"훈계라면 사양입니다."

신은 기분이 엉망진창이어서 아무런 말도 듣고 싶지 않았다. 하지만 노인은 늘 그렇듯 즐거운 표정으로 이야기를 시작했다. 그 내용은 이랬다.

1995년, 미국 메사추세츠 메모리얼 병원에서 카이리 잭슨과 브리엘 잭슨이라는 두 쌍둥이가 태어났다. 두 자매는 안타깝게도 예정일보다 12주나 빨리 세상에 나오는 바람에 몸무게가 1kg밖에 되지 않았다. 게다가 동생인 브리엘은 심장에 결함이 있었다. 의사들은 모두 브리엘이 오래 살지 못하리라 예상했다.

아기들은 인큐베이터에서 생존을 위한 투쟁을 벌였다. 다행히 언니 카이리는 날이 갈수록 건강을 되찾았다. 하지만 브리엘은 예상대로 점점 쇠약해지며 수차례 죽음의 문턱을 넘나들었다. 의사들도 더는 손쓸 방법이 없었다.

"죄송합니다. 브리엘은 얼마 남지 않은 듯합니다."

제대로 안아보지도 못한 친자식의 사형선고에 잭슨 부부는 망연자

실하며 눈물을 쏟았다. 인큐베이터 속의 작고 사랑스런 천사에게 더 이상의 구원은 보이지 않았다.

"미안하다, 아가. 천국에서는… 아프지 마."

모두가 아기의 죽음을 받아들일 때였다. 브리엘을 돌보던 게일이란 간호사는 브리엘이 아픈 몸으로 '무언가 간절히 말하고 있다'고 느꼈다. 게일 간호사는 담당의에게 한 가지 제안을 했다. 카이리와 브리엘을 인큐베이터에 함께 있게 하자고.

의사들은 의료 규정에 어긋난다며 처음에는 반대했다. 하지만 19년 경력의 게일 간호사는 쌍둥이를 같은 인큐베이터에 눕히는 해외의 사례를 소개하며 마지막으로 두 자매를 함께 있게 하자고 애원했고, 결국 담당의와 부모의 동의를 얻어낼 수 있었다.

얼마 뒤 브리엘의 몸에 연결된 기계가 급박한 경고음을 내자 게일 간호사는 재빨리 언니 카이리를 인큐베이터에서 꺼내 아픈 동생의 인큐베이터에 눕혔다. 그러자 그 작은 공간에서 놀라운 광경이 펼쳐졌다.

언니가 천천히 몸을 돌리더니, 아픈 동생을 껴안은 것이다. 작은 몸들의 포옹을 경외의 눈으로 지켜보던 의료진은 곧 더 놀라운 일을 겪게 되었다. 포옹을 하고 있는 사이, 위험 수위에 있던 브리엘의 혈액 내 산소 포화도가 정상화된 것이다.

의료진은 기계가 오작동을 일으킨 줄 알았지만 각종 수치들이 차례로 정상으로 돌아오고 브리엘이 숨을 고르게 쉬자, 자신들이 기적의 한가운데 있다는 걸 깨달았다. 환희와 기쁨에 젖었던 한 의사는 카메라로 포옹하고 있는 두 아이를 찍었다. 마침내 브리엘은 살아남았다.

그리고 오랜 시간이 지났을 때였다.

노인으로부터 뜬금없이 이메일 한 통이 도착했다.

'신팀장, 잘 지내고 있나? 거기 날씨는 어떤가. 아직도 비가 내리나. 여긴 완전 천국이야…'

찬찬히 편지를 읽어내려 가던 신은 마지막 문장에서 고개를 갸웃거렸다.

'PS. 아참, 그런데 그때 깜박하고 못 준 게 있어.'

신은 이메일에 딸려 온 첨부파일을 열었다.

한참 동안 멍하니 모니터를 바라보던 신은 살짝 입가를 올리며 말했다.

"정말로 못 말리는 양반이야. 내가 졌어. 누가 이 사람을 이길 수 있겠어."

다음 날 신은 노인이 보낸 사진을 출력해 책상 앞에 걸었다.

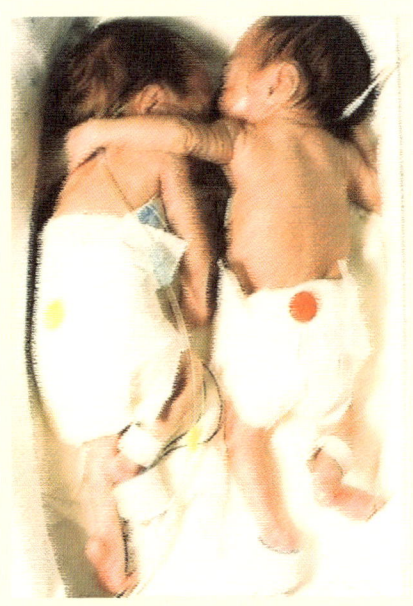

쌍둥이 카이리와 브리엘 자매

"자네 등 뒤에는 보이지 않는 끈들이 이어져 있네.
 그 끈들을 아름답게 가꾸는 일이 인생의 전부라네.
 … 정말 그게 전부라네."
"무슨 거창한 끈이기에 인생의 전부라 단언하시는 겁니까?"
"관계."

1부

어떤 장례식

"바쁘신데 와주셔서 감사합니다, 강대표님."

신은 깍듯이 고개를 숙이며 조문객의 얼굴을 재빨리 훑었다. 그리고 비서실에서 건네받아 외운 문상 예정자 목록 안에서 조문객이 S백화점의 오너임을 확인한 뒤, 자연스럽게 직급 호칭을 덧붙였다.

"우리 언제 만난 적 있나?"

"아닙니다. 평소 존경하고 있었습니다."

"그래? 허허허."

신은 미소 짓는 조문객을 직접 분향소로 안내했다. 이사 직급 이상은 신이 직접 안내를 맡고 있었다. 신의 본래 직책은 기획2팀장이었지만, 3일 동안은 장례식 매니저였다.

"창업주 장례식 진행 아무한테나 맡기는 일 아냐. 정신 바짝 차려."

기획이사의 당부처럼 신은 꼼꼼하게 장례를 살폈다. 모든 일은 9회 마무리 투수의 150km 직구처럼 깔끔하게 진행되어야 했다. 누구도 장례식을 망쳐선 안 되었다. 설사 죽은 백회장이 되살아난다 해도!

조문객이 분향을 하는 동안, 신은 반듯하게 서서 안쪽을 주시했다. 국내 최대 완구업체인 '원더랜드'의 창업주가 영정사진 속에서 무표정하게 조문객을 맞고 있었다. 백회장. 맨손으로 사업을 일으키고 다시 맨손으로 돌아간 사나이. 하루에 네 시간 이상 자본 적이 없다지만 이제는 깊고 무거운 잠 속에 빠져들어 있었다.

조문객이 침통한 표정의 상주들과 맞절을 하며 조의를 표했다. 상주는 원더랜드의 이사직을 맡고 있는 두 아들이었다. 형제는 사내에서 '큰 백이사'와 '작은 백이사'로 불렸다.

'저들 머릿속에 아버지를 잃은 슬픔이란 게 남아 있을까? 있더라도 원더랜드의 경영권을 차지하고 난 뒤로 미뤄두겠지.'

큰 백이사와 작은 백이사의 주도권 경쟁은 장례식 진행을 놓고서도 계속됐다. 큰 백이사는 자신의 라인인 비서실이 진행을 맡길 원했고, 작은 백이사는 홍보부를 고집했다. 형제는 물러서지 않았고, 그사이 백회장은 조금씩 썩어갔다. 결국 타협점은 어느 파벌에도 속하지 않은 신의 기획2팀이 됐다. 신은 이틀째 두 형제가 마주 보고 얘기하는 모습을 본 적이 없었다.

"신팀장."

큰 백이사가 신을 부르자, 작은 백이사가 형의 말을 가로챘다.

"대표님을 조문실로 모시게."

신은 한 치의 치우침 없이 둘 사이의 빈 공간을 향해 고개를 숙였다. 조문객이 분향소를 나가자 두 형제는 다시 서로의 시선을 외면했다. 그들의 머릿속에서 우호 주식을 세는 소리가 들려오는 듯했다.

조문객을 안내하던 신은 복도를 지나 조문실의 커다란 문을 열었다. 그러자 장례식장답지 않은 화려한 실내가 펼쳐졌다. 높은 천장에 매달린 샹들리에는 은은한 빛을 내뿜었고, 장미색 카펫 위에는 커다란 원형 테이블이 놓여 있었다. 조문실이라기보다는 호텔 연회장과 흡사했다.

더 이상 안내는 필요 없었다. 조문객은 주위를 둘러보더니 창가 테이블로 혼자 걸어갔다. 그곳에는 조문객 둘이 이미 자리를 차지하고 있었다. 한 사람은 A그룹 이사였고, 한 사람은 현직 국회의원이었다. 안면이 있는지 반갑게 인사를 나눈 이들은 오랜

만에 만난 동창들처럼 화기애애하게 이야기를 시작했다.
"신팀장님, 이상하지 않아요? 여기 조문객들은 다 치질환자인가 봐요. 저 금배지 달고 있는 분, 벌써 두 바퀴는 돌았을걸요?"
조문객실 입구에서 안내를 담당하던 서윤경이 신에게 다가왔다. 그녀 역시 기획2팀 소속이었다.
"쉿, 조용히 해!"
신은 황급히 주위를 둘러보았다.
"풋, 누가 듣는다고요. 좌불안석은 팀장님이 아니라 저쪽 분들이잖아요. 한시도 가만히 있지 못하고 돌아다니는 좌, 불, 안, 석."
서윤경의 말장난에 신은 쓴웃음을 지었다. 말은 맞았다. 조문객들은 쉴 새 없이 이 자리에서 저 자리로 옮겨 다니고 있었다.
"그럴 수밖에. 이런 장례식이야말로 인적 네트워크를 넓힐 수 있는 절호의 기회니까."
"인맥 말이에요?"
"작년에 한 취업 포털에서 조사를 했어. 직장인 열 명 가운데 여덟 명은 인맥 관리를 위해 경조사에 참석한다고 대답했지. 결혼식, 장례식은 축하하고 애도하기 위해서가 아니라 인맥을 관리하기 위해 간다는 뜻이지."
서윤경은 고개를 갸우뚱거렸다.
"조문객들이 인맥인지 뭔지 때문에 모였다면 돌아가신 회장님이 너무 불쌍하지 않아요?"

서윤경의 말에 신은 움찔했다. 그랬다. 수많은 명함들과 수많은 말들이 오갔지만, 딱 하나, 백회장에 대한 추억은 오가지 않았다. 순간 신의 눈에는 이곳이 커다란 연극 무대처럼 보였다.

"그런데 소문 들으셨죠?"

호들갑을 떨던 서윤경이 꺼낸 이야기는 백회장의 유언장 공개 건이었다. 백회장은 죽을 때까지도 이슈메이커였다. 그는 자신의 유언장을 한 달 뒤에 공개하라는 유언을 남겼다고 한다. 죽기 전 경영권 분쟁을 마무리하는 게 일가뿐만 아니라 회사에도 좋다는 것을 백회장이 모를 리가 없었다. 그럼에도 왜 그런 유언을 남겼는지 도무지 모를 일이었다.

"아무튼 마지막까지도 그 속을 알 수가 없다니까. 우리들도 이렇게 궁금해 죽겠는데, 당사자들은 어떻겠어? 잠이 안 오겠지."

"그래서 장례식 내내 한 잠도 못 자는 효자들이라고 칭찬이 자자하잖아. 크크크."

어느새 김대리마저 다가와 끼어들었다. 키득거리는 웃음소리가 새어 나가자 신은 둘을 무섭게 내려다보았다.

"걱정 마세요. 기획이사님도 사람 만나느라 장례식은 신경도 안 쓰니까요. 뭐, 지금 윗분들 자기 살 궁리 하느라 다들 정신이 없죠. 우리 2팀도 대책회의 해야 하는 거 아녜요?"

신이 미동 없이 쳐다보자 김대리는 슬쩍 화제를 돌렸다.

"팀장님, 저기 오탁 대리 좀 보세요."

얼마 전 대리가 된 오탁은 홀 한쪽에서 얌전히 자리를 지키고 서 있었다. 하지만 시선은 얌전하지 못했다. 오탁은 팀의 막내인 영란을 뚫어지게 쳐다보고 있었다. 영란이 조문객들 사이를 오가며 불편 사항을 체크할 때마다, 오탁의 두 눈은 투피스 정장을 차려입은 영란을 집요하게 따라다녔다.

"하루 종일 해바라기처럼 저러고 있다니까요. 거참, 사랑이 사람 잡네."

"저건 사랑이 아니라 스토킹이죠."

서윤경이 툴툴거리며 말했다.

"하여튼, 남자들이란 어리고 예쁜 여자만 보면 가만 놔두지를 않는다니까. 직장상사가 저렇게 들이대면 이제 막 대학 졸업한 애가 얼마나 난처하겠어."

"그럼 윤경씨가 영란씨한테 충고 좀 해줘. '야, 귀여운 짓 좀 그만해!' …크크크."

신은 골치가 아팠다. 팀원 중 두 명은 연애를 하는지 어쩐지 나사가 좀 빠져 있는 것 같고, 나머지 두 명은 희희낙락이다.

"영란씨하고 오탁한테 가서 정신 좀 차리라고 전해줘. 아니, 윤경씨도, 김대리도 제발 정신 좀 차려!"

서윤경은 신의 눈치를 살피더니 조용히 자기 자리로 돌아갔다. 김대리는 어깨를 으쓱하고 어물쩍 자리를 피했다. 신은 한숨을 내쉬고 무표정하게 조문실을 둘러보았다.

"찾아주셔서 감사합니다. 조심히 가십시오."
시간이 얼마나 흘렀을까. S백화점의 오너가 조문실을 나왔다. 신은 빠른 발걸음으로 다가가 머리가 땅에 닿을 듯 허리를 숙였다.
"허허허, 인사성도 밝은 친구로군."
신의 머리 위로 만족한 웃음소리가 들렸다. 신은 허리를 펴고 입가에 적당한 미소를 그렸다. 그런데 장례식장 밖으로 걸음을 옮기던 조문객이 잊은 게 있다는 듯 걸음을 멈추더니 그를 돌아보았다.
"참, 자네 나한테 강대표라고 했지?"
신이 무슨 뜻인가 싶어 쳐다보자 조문객이 묘하게 웃었다.
"내가 충고 하나 할까? 정확한 팩트가 아닐 때는 잠자코 있어. 가만히 있으면 중간은 가니까. 잘 모르면서 아는 척하는 것만큼 못나 보이는 것도 없지. 나는 강대표가 아니라 민대표야. 아무튼 존경해줘서 고맙군."
주위에 있던 사람들의 시선이 모였다. 신은 눈앞이 깜깜해지는 기분이었다.

이상한 노인

밤공기가 차가웠다. 장례식장을 빠져나온 신은 한적한 벤치에 등을 기댔다. 나무 벤치엔 냉기가 어려 있었지만 인적 없는 곳이라면 어디라도 좋았다. 신은 하늘을 올려다보았다. 달만 홀로 떠 있는 밤. 신은 뜨거운 숨을 길게 내쉬었다.

'괜찮아. 이까짓 모욕, 한두 번도 아닌데….'

신은 마인드컨트롤을 하며 마음을 다잡았다. '힘을 키워야 한다. 힘을 가지면 아무도 나를 건들 수 없으리라. 강자가 되면 사람들은 나의 단점마저 우러러보게 된다.' 하지만 마인드컨트롤은 금세 끝나버리고 말았다.

"젊은이, 미안하지만 담배 있으면 한 개비 빌릴 수 있겠나?"

신은 고개를 들었다. 그의 앞에 중절모를 쓴 노인이 서 있었다. 노인은 키 작은 겨울나무 같았다. 얼굴은 주름으로 뒤덮였고, 몸은 앙상하게 말랐다. 지팡이를 쥔 손이 쉼 없이 떨리고 있었다. 양복을 봐서는 조문객이 분명했지만 누구인지 짐작이 가지 않았다. 신은 조문객들을 위해 준비했던 담배를 꺼내 불을 붙여주었다.

"돌아가신 백회장님과는…?"
"긴장할 것 없네. 그냥 고향 친구라네."
신은 노인의 행색을 다시 살폈다. 그는 초겨울에나 입을 만한 두껍고 낡아빠진 모직 양복 차림이었다.
'쳇, 시골 노인네군.'
노인이 천천히 허리를 구부리더니 벤치에 앉았다. 신은 허락도 없이 옆자리에 앉은 노인이 불쾌했지만 내색하진 않았다. 노인이 지그시 눈을 감더니 담배연기를 길게 내뿜었다. 그리고 신을 돌아보았다.
"자네 나이가 어떻게 되나?"
신은 서른네 살이었지만 입을 다물었다. 노인과 말을 섞기가 싫었다. 노인들이란 한번 말을 받아주면 끝이 없었다.
"결혼은 했나?"
눈치 없는 노인이 또 질문을 했다. 신은 독신이었지만 이번에도 입을 다물었다.

"장례식에서 자네를 보았네. 자네 가족 일처럼 열심히 하더군. 그런데 젊은이, 너무 애쓰지는 말게."

신은 헛웃음이 나오는 것을 느꼈다. 이번만은 세상물정 모르는 노인에게 말대꾸를 해줘야 할 것 같았다.

"제 일을 하는 것뿐입니다. 잡(job). 아시겠어요?"

"내 말은 그게 아니라…."

노인이 갑자기 기침을 해댔다. 기침을 할 때마다 마른 몸이 풀썩풀썩 들썩거렸다. 기침이 가라앉자 노인이 말을 이었다.

"내 말은, 얼굴도장 찍으려고 너무 애쓰지 말란 소릴세."

신은 정신이 멍해졌다. 이 노인의 말에 비하면 방금 전 장례식장에서의 모욕은 아무것도 아니었다. 이 작고 초라한 노인은 신의 연극을 간파하고 있었다. 신이 조문객들을 졸졸 따라다니며 그들의 비위를 맞춘 이유는 장례식의 원활한 진행 때문만은 아니었다. 신은 거물 조문객들에게 조금이라도 자신의 존재를 알리고 싶었다.

"인간관계란 물처럼 자연스러워야 하는 법이지. 이익을 위해 억지로 맺은 관계는 오래가지 못한다네."

신의 얼굴이 붉게 달아올랐다. 노인 앞에서 발가벗은 느낌이 들었다.

"저에 대해 뭘 안다고 함부로 말하십니까?"

신은 언성을 높였다. 풀숲에서 울던 귀뚜라미가 잠시 울음을 멈췄다가 다시 울었다.

"그저 마음의 문을 열라는 소리일세."

신은 노인을 노려보았다. 이 사람은 무슨 자격으로 남을 가르치려 드는가.

"도대체 원하는 게 뭡니까?"

"자네는 꼭 무얼 원할 때만 남에게 다가가나?"

"인간이란 그런 존재니까요."

노인은 철없는 손자를 보듯 신을 쳐다보았다.

"인간은 그런 존재가 아니네. 인간은 남을 사랑하기 위해 태어난 존재라네."

"그런 듣기에만 좋은 말은 사양하겠습니다."

"그럼 자네가 생각하는 진실이란 무엇인가?"

신은 담배를 꺼내 물었다. 아무런 도움도 되지 않는 노인네와 얘기해봤자 시간 낭비일 뿐이었다. 신은 습관적으로 불을 붙이려다 라이터를 도로 내려놨다. 화가 났지만 시골 노인네 때문에 힘들게 끊은 담배를 다시 피우고 싶지는 않았다. 신은 담배를 입에 문 채 밤하늘을 올려다보았다.

"허허, 또 외면이군. 요즘 사람들은 그런 걸 쿨하다고 하던가? 그 쿨인지 뭔지가 요새 유행이라더군. 제 딴엔 멋져 보일 때도 있겠지. 걸리적거리는 건 다 외면하니 몸도 마음도 편할 테고. 그런데 '쿨하다'라는 말이 흑인 노예들의 절망감에서 나왔다는 사실을 아는가? 탈출구가 없는 노예들의 자포자기하는 심정이 감상적으로 포장된 게지. 근데 요즘 젊은이들은 노예도 아니면서 쿨하게 행동하더군. 재밌는 건, 쿨하고 싶어하면서 동시에 남의 시선을 엄청나게 의식한다는 거야. 마치 비싼 새 옷을 누가 알아봐주길 바라듯이. 그건 쿨한 게 아니잖나. 패션이지. 안 그런가?"

"관심 없다고 말했잖습니까."

신이 버럭 짜증을 냈지만 노인은 개의치 않고 말을 이었다.

"창창한 청춘들이 쿨하게 행동하는 이유가 단지 멋지게 보이고 싶어서라면 차라리 다행이겠지. 하지만 진짜 이유가 따로 있네. 뭘 것 같나? 바로 두려움 때문 아닐까? 살다 보면 건강하게 투쟁해야 할 때도 있는데 싸우기가 무섭고, 양보를 해야 할 때도 있는데 왠지 뺏기는 것 같아 무섭고, 내가 상처 줄 때도 있는데 용서를 빌기가 무서운 거야. 연애는 하고 싶지만 마음을 다 열지는 않아. 모든 걸 주면서 사랑할 용기가 없으니까. 결국 쿨한 사람이란, 사람을 무서워하는 겁쟁이들이지. 자네 생각은 어떤가? 어쨌든 너무 쿨한 걸 좋아하진 말게나. 그러다간 소중한 친구들이 다 떨어져 나가니까. 자네, 친구는 있겠지?"

신은 부드득 이를 갈았다. 노인은 지팡이에 얼굴을 기댄 채 신의 반응을 살폈다.

"허허, 정말 친구 하나 없는 모양이군."

더 이상 참을 수가 없었다. 신은 벌떡 일어나 물고 있던 담배를 바닥에 내던졌다.

"사랑하며 살고, 착하게 살라고요? 그런 알량한 개똥철학은 정신 빠진 녀석들한테나 들려주시죠."

"허허, 쿨한 줄만 알았더니 예의도 바른 젊은이로군."

노인은 약 올리듯 싱글벙글 웃더니 지팡이 끝으로 신이 버린 담배를 끌어당겼다. 그러고는 담배를 털고 후후 불더니 낡은 양복 주머니에 집어넣었다.

"요즘 결혼식장에서 돈 주고 하객을 사는 사람도 있다더군. 다 낭비고 허세지만, 정말 믿을 만할 친구가 한 명도 없다면 그건 인생을 잘못 산 거야. 지금이라도 주위 사람들한테 관심을 갖고 사랑해야…."

"젠장!"

차라리 빨리 결혼을 하라든가, 열심히 돈을 벌라는 말이었다면 지겨워도 참을 수 있었다. 그런데 노인은 마음에서 꺼내고 싶지 않은 뭔가를 자꾸 건드렸다. 신은 결국 폭발했다.

"사람들을 사랑하라고요? 웃기지 마세요! 내가 왜 냄새 나고 비열한 인간들을 사랑해야 합니까? 등에 비수를 꽂을 때만 기다리는 그 이기적인 족속들을! 그 가식적인 족속들을! 내가 왜?"

속에 쌓였던 말을 토해내자 가슴이 뻥 뚫리는 기분이었다. 한편으로 자신의 본심을 낯선 이에게 드러냈다는 생각에 수치심이 일었다. 신은 혼란스러움에 서둘러 자리를 떠나려 했다.

"젊은이, 자네는 혼자가 아닐세."

노인의 말이 그를 잡아끌었다. 신은 발걸음을 멈췄다. 세상엔 그런 사람들이 있다. 인간의 미묘한 감정을 건드리면서 상대를 잡아먹는 사람들이. 신은 등을 돌려 노인에게 한 자 한 자 곱씹듯 말을 토해냈다.

"저는 언제나 혼자였습니다."

신은 노인을 노려본 다음 발길을 돌려 걸어 나갔다. 등 뒤에서 허허, 하는 노인의 알 듯 모를 듯한 웃음소리가 지구 끝까지라도 쫓아올 것 같았다.

줄을 잡다

작은 백이사의 호출을 받은 건 장례식이 끝나고 바로 뒤였다.

'도대체 왜 나를 부르는 걸까? 지금 업무 보고받을 정신은 없을 텐데….'

원더랜드는 예상처럼 경영권 분쟁으로 어수선했다. 임원들은 장남파와 차남파로 나뉘어 사내 정치에 빠져 있었다.

이사실 앞에 도착한 신은 문을 두드렸다. 똑… 미처 두 번째 '똑!'을 하기도 전에 안에서 "들어오게" 하는 목소리가 들렸다. 어지간히 급한 모양이었다. 문 앞에서 노크하는 동상처럼 서 있던 신은, 두 번째 '똑!'을 마저 채우고 안으로 들어갔다.

블라인드를 걷어 올린 커다란 통유리창으로 아침 햇살이 눈이 아플 정도로 쏟아져 들어오고 있었다. 작은 백이사는 창을 등진 채 정면으로 앉아 있었다. 역광으로 흐릿한 그의 얼굴 위에서 투명한 안경알이 무섭게 반짝였다.

"앉게."

신은 룰렛판도 올려놓을 수 있을 법한 커다란 책상 앞에 앉았다. 업무의 효율성은 모르겠지만, 무언가를 강요하기에는 알맞은 자리 배치였다.

"장례식에서는 고생 많았네. 일을 깔끔하게 처리하더군."

"과찬이십니다."

"나는 한번 일을 시작하면 끝장을 보는 사람을 좋아하지. 홍보부장이 그러더군. 자네가 미스터 해결사라고."

작은 백이사가 턱 끝으로 벽면을 가리켰다. 벽면 보조의자에는 볼살이 통통한 중년의 남자가 앉아 있었다. 홍보부장이었다. 그는 양손을 가지런히 무릎 위에 올려놓고 등을 벽에 바짝 밀착시키고 있었다. 저런 자세라면 평생 허리 디스크 걱정은 없을 것 같았다.

"신팀장."

작은 백이사가 신을 불렀다. 은밀한 목소리였다.

"나를 도와줄 수 있겠나?"

신은 머리를 얻어맞은 듯 얼떨떨했다. 짧지만 많은 것을 내포하고 있는 말이었다. 신은 힐끔 홍보부장을 쳐다보았다. 홍보부장은 미동 없이 눈만 깜박였다. 작은 백이사가 도장을 찍듯 똑같은 말을 반복했다.

"나를 도와줄 수 있겠나?"

반복법은 꽤 효과가 있었다. 신의 머릿속에서 온갖 생각들이 오가기 시작했다.

신은 원더랜드에서의 자신의 입지를 되돌아보았다. 사내 야심가들은 모두 '줄'을 잡고 있었다. 그들은 모두 장남파거나 차남파였다. 몇몇은 중립을 지켰지만 그것은 어리석은 짓이었다. 양쪽 모두가 살생부를 쥐고 있는 상황에서, 누가 경영권을 차지하든 대규모 구조조정은 불을 보듯 뻔했다. 중립은 전쟁터에서 칼 한 번 휘두르지 않고 죽는 꼴과 같았다.

신은 중립이었다. 어중간한 타입은 아니었지만, 누구와도 어울리기 싫었기 때문에 사내 정치에 빠질 틈이 없었다. 하지만 지금은 상황이 바뀌어 있었다. 원더랜드는 '왕자의 전쟁' 중이었고, 살아남기 위해서는 누군가의 줄이 필요했다. 자신을 성공으로 이끌어줄 강력한 줄이 머리 위에서 뱀 꼬리처럼 대롱대롱 흔들리고 있었다. 줄은 유혹이자 기회였다. 신은 줄을 잡았다!

"보탬이 된다면 최선을 다하겠습니다."

"역시 똑똑한 친구군."

작은 백이사가 책상 밖으로 손을 내밀었다. 무언가를 강요하는 듯한 책상이었기 때문에 마주 보고 악수를 할 수 없었다. 신은 책상 옆으로 걸어가 공손히 그의 손을 잡았다. 작은 백이사의 손바닥은 차갑고 매끈거렸다. 기분 나쁜 생물체의 몸통을 잡는 기분이었다. 악수를 마친 작은 백이사는 다이아몬드가 빽빽하게 박혀 있는 커다란 손목시계를 들여다보았다.

"오전 10시라. 빠르지도 늦지도 않은 시간이군. 지금 바로 움직여줘야겠어."

재벌 2세라 그런지 도대체 서론이란 것은 모르는 인간이었다.

"어디로 어떻게 움직여야 합니까?"

"홍보부장이 가면서 설명해줄 거야."

사물함처럼 앉아 있던 홍보부장이 천천히 일어났다. 모든 상황이 어리둥절하기만 했지만 신은 질문 대신 목례를 하고 뒤돌아 갔다.

"신팀장."

작은 백이사가 신을 불렀다.

"자네는 똑똑한 친구야."

홍보부장의 크림색 세단이 고속도로를 달리고 있었다. 평일 낮 시간이라 도로엔 거칠 것이 없었다. 두 시간 동안 과속 적발 플래시가 세 번이나 터졌지만 홍보부장은 신경 쓰지 않고 액셀을 밟았다.

"신팀장, 게임이론 알고 있나?"

운전면허시험지의 바른 자세 그림처럼 꼿꼿이 허리를 펴고 운전을 하던 홍보부장이 마침내 입을 열었다. 두 시간 만의 첫 대화였다.

"전부는 알지 못합니다만 제로섬 게임 정도는 알고 있습니다. 게임 참가자의 이득과 손실의 합이 제로가 되는 게임이죠. 한쪽이 잃어야 한쪽이 얻는다. 패배자 없이는 승리자도 존재하지 않는다."

"맞아. 작은 백이사와 큰 백이사도 일종의 제로섬 게임 중이지. 한정된 게임칩을 많이 따는 사람이 승리하는."

"게임칩은 주식이겠군요."

"주식이야."

홍보부장은 작은 백이사처럼 반복법을 사용했다.

"주식이지."

이 괴상한 말투의 원래 주인공이 누구인지 알 수 없었지만, 홍보부장의 말투가 훨씬 더 그럴듯해 보였다.

"그래서 우리에겐 자네가 필요해."

"제가 가진 사내 주식은 우리사주 100주가 전부입니다."

"무슨 뜻인가?"

"농담입니다, 농담이죠."

신은 홍보부장을 흘깃 봤지만 기분이 나빠 보이지는 않았다. 그는 애초부터 기분이란 게 없는 사람 같았다.

"우리는 앞으로 30분 뒤에 요양원에 도착할 거네. 그곳에서 자네는 원더랜드 주식의 14.25%를 소유하고 있는 조이사라는 분을 만나야 해. 자네가 그분에게서 주식 위임장을 받으면 우리는 게임칩을 50% 이상 확보해 승리하게 되지. 장남파는 붕괴하고 국내 최대 완구업체의 간부 자리 절반은 공석이 되겠지. 당연히 전리품은 우리에게 돌아올 테고. 작은 백이사는 왕의 자리를, 나는 홍보이사 자리를, 자네는…."

신은 눈을 반짝였다. 자신이 홍보부장의 눈에 속물처럼 보일지도 모른다고 생각했지만 개의치 않았다. 둘 다 진흙탕에서 뒹굴긴 매한가지였다.

"자네는 기획부장, 아니 어쩌면 더 좋은 자리를 얻을지도 모르지. 전리품이야 전쟁의 수훈에 따라 지급되니까. 게다가 작은 백이사는 기준이 없는 사람이거든.”

신은 마른침을 삼켰다. 팀장이 된 지 2년 만에 승진의 기회가 온 것이다.

“조이사라는 분, 어떤 분입니까?”

“원더랜드의 공동 창업주야. 사실 원더랜드의 뿌리는 백회장님이 아니라 조이사님이라 할 수 있지. 조이사님은 원래 발명가였네. 장난감을 개발하는 데 천재적인 재능이 있었어. 하지만 그때나 지금이나 재능만 가지고는 아무것도 할 수 없지.”

“수완가가 필요했겠군요.”

“그래, 그게 백회장님이야. 한쪽이 기발한 제품을 만들면 한쪽은 기발하게 포장해서 팔았지. 엄청난 시너지였어. 창업 10년 만에 원더랜드가 완구업계를 평정했으니까. 하지만 자네가 입사하기 한참 전인 90년대 중반 일선에서 물러나셨지.”

“이상한 일이군요. 일선에서 물러났다고 해도 지분을 14%나 보유한 이사님인데, 그동안 저는 한 번도 들어본 적이 없습니다.”

신이 의문을 표하자 홍보부장은 모르는 게 당연하다는 듯 고개를 끄덕였다.

“함구령 때문이네. 백회장님이 불편해하셨거든. 두 동업자는 뜻은 맞았지만 마음은 안 맞았나 봐. 아니면 그 반대든가.”

“레닌과 트로츠키처럼?”

"고갱과 고흐일 수도 있고, 존 레넌과 폴 메카트니일 수도 있겠지. 물러난 건지 밀려난 건지는 나도 정확히 모르네. 중요한 것은 그분이 '왕자의 전쟁'의 최종 결정권자라는 사실이지."

"그렇게 중요한 일을 왜 저한테 맡기시는 거죠?"

"자네가 처음이 아니야. 양쪽의 협상 전문가라는 사람들이 위임장을 받기 위해 이미 몇 번이나 찾아갔다네. 하지만 모두 실패했어. 그들이 성공했다면 자네한테까지 기회가 오지 않았겠지."

홍보부장의 말에 신의 머릿속은 분주해졌다. 신은 창밖으로 고개를 돌렸다. 보이는 건 답답한 방음벽들뿐이었다. 쉬운 일이 아님이 분명했다.

즉 조이사라는 사람한테서 위임장을 얻어내느냐 아니냐에 따라 앞길이 달라진다는 뜻이었다. 신은 자신의 손을 내려다보았다. 아직도 작은 백이사의 끈적이는 느낌이 남아 있는 듯했다. 신은 동아줄을 잡듯 힘껏 손을 움켜쥐었다.

'실력만으로는 성공할 수 없어. 그게 세상의 룰이야. 높은 곳으로 가려면 높은 곳에서 던진 줄을 잡아야 해. 난 줄을 잡고 올라가겠어. 끊어지기 전까진 절대 이 줄을 놓지 않겠어!'

두 시간 동안 질주한 세단이 외진 1차선 도로로 접어들었다. 늦여름 태양을 향해 활짝 잎을 벌린 커다란 플라타너스들이 도로를 따라 길게 뻗어 있었고, 그 끝에 C요양원의 육중한 정문이 보였다. 신분증 검사를 받고 정문을 통과하자 완만한 언덕이 시작됐다. 이번엔 장미넝쿨이 좌우로 빽빽이 들어찬 길이었다. 에어컨을 끄고 창문을 활짝 열자 차 안으로 장미 향기가 들어왔다. 신은 깊게 숨을 들이마셨다.

언덕을 오르자 C요양원의 모습이 드러났다. 타원형의 분수대에서 물줄기가 힘차게 뿜어 나오고 있었다. 그 뒤로 대리석으로 지은 커다랗고 하얀 건물이 버티고 있다. 건물 중앙은 돔 형태로 불룩하게 튀어나왔고, 그것을 6개의 기둥이 둘러싸고 있었다. 낯설지 않은 모습이었다.

"백악관을 통째로 옮겨놓은 것 같군요."

"부자들의 악취미지. 그래도 말년을 보내기엔 손색이 없는 장소야. 돈만 있다면."

분수대를 돌아 현관 앞에 차를 세우자 프런트 직원이 공손하게 문을 열어주었다. 홍보부장이 프런트에서 면회 신청서를 접수하자 신이 물었다.

"그동안 조이사님을 찾아온 사람들은 왜 빈손으로 돌아갔습니까?"

홍보부장은 홀 중앙에 있는 가죽 소파로 신을 이끌었다.

"처음에는 작은 백이사가 직접 이곳을 찾아왔지. 돈으로 위임장을 사려고 했어. 하지만 실패했지."

"더 많은 돈을 원했나 보군요."

홍보부장은 고개를 저었다.

"만나보면 알겠지만 조이사님은 뭐랄까, 자기만의 세계를 가지고 있는 분이네. 자기 세계를 끝까지 지킨 덕에 크게 성공하셨지만, 그것 때문에 평범한 사람들 눈에는 4차원처럼 보일 때가 있어."

한 쌍의 노부부가 소파 앞을 스쳐 지나갔다. 홍보부장은 그들이 사라질 때까지 입을 다물었다가 다시 말을 이었다.

"한마디로 좀 특이한 분이야. 발명가라 그런지 엉뚱한 구석이 있지. 작은 백이사가 처음 여기를 찾아왔을 때 그분은 수수께끼를 냈네. 수수께끼를 풀어야 위임장을 줄 수 있다고."

"수수께끼요?"

번들거리는 대리석 바닥과 높은 천장 사이에 신의 음성이 울렸다.

"아이큐 테스트 비슷한 거였네. 알고 보니 순열조합을 이해해야 풀 수 있는 문제였더군. 빈손으로 돌아온 작은 백이사는 학창 시절 수학 성적이 가장 좋았던 측근 직원을 대신 이곳으로 보냈지. 하지만 이번에는 수학과는 별 상관 없는 문제를 냈어. 난데없이 바둑 기보를 꺼내더니 판세를 역전시킬 한 수를 그리라고 했다던가. 결국 두 번째 방문자도 실패했어. 그런 식으로 방문자들이 하나둘 나가떨어졌지."

"사람을 가지고 노는군요."

"어쩔 수 없지. 열쇠는 조이사가 틀어쥐고 있으니까. 힘 있는 자가 룰을 만들면 그것에 따라야 하는 게 세상 이치지. 아무리 어처구니없는 룰이라도 말이야."

또각거리는 하이힐 소리가 들려왔다. 프런트의 여자 직원이 소파로 다가왔다. 홍보부장은 긴장된 얼굴로 자리에서 일어났다.

"등나무에서 기다려달라고 하십니다."

홍보부장은 안도의 한숨을 쉬었다. 그의 긴 숨이 신의 눈에 보이는 것 같았다.

"제가 몇 번째 방문자입니까?"

직원이 사라지자 신이 입을 열었다. 홍보부장은 눈을 감고 무언가 골똘히 생각에 잠겼다.

"자네 코페르니쿠스 알고 있나?"

"천문학자 코페르니쿠스라면 알죠. 누군들 모르겠습니까."

"그럼 아리스타르코스는 알고 있나?"

신은 고개를 저었다. 처음 들어보는 이름이었다.

"그 역시 태양중심설을 주창한 사람이네. 하지만 역사는 아리스타르코스가 아니라 코페르니쿠스를 지동설의 발견자로 기록하고 있지."

"코페르니쿠스보다 지동설을 늦게 발표했나 보군요."

"아니. 오히려 그 반대일세. 아리스타르코스는 기원전 3세기 인물이네."

"기원전 3세기에 지동설을 연구했다고요?"

신의 눈이 동그랗게 커졌다.

"그래. 코페르니쿠스 이전에도 천동설에 의문을 품은 과학자들이 존재했지. 하지만 계란으로 바위 치기였어. 당시 천동설은 그야말로 단단한 바위였거든. 특히 천동설의 대부라 할 수 있는 프톨레마이오스의 천동설은 꽤나 심도 있는 이론이었네. 이론의 완성도만 따진다면, 아리스타르코스나 코페르니쿠스도 프톨레마이오스를 따라가지 못할 정도였다고 하니까."

홍보부장은 손수건으로 안경알을 닦으며 말을 이었다.

"과학자들은 오랫동안 천동설이란 바위에 계란을 던졌네. 역사에 기록되지 않은 수많은 이들이 이단아 취급을 받으며 바위에 깨지고 상처 받았지. 하지만 상처를 받은 건 계란뿐이었을까? 아니, 계속되는 계란 세례에 바위도 조금씩 금이 가기 시작했지. 그러다 결국 코페르니쿠스라는 마지막 계란이 바위를 깨뜨린 거야. 코페르니쿠스는 최초가 아니라 마지막이었기 때문에 역사에 기록된 거네. 우리가 최초라고 부르는 것은 사실 어떤 의미에서는 마지막이지."

홍보부장은 다시 안경을 쓰고는 신을 향해 고개를 꺾었다.
"몇 번째 방문자인지는 중요하지 않네. 조이사라는 바위를 깨는 마지막 계란이 누구인지가 중요하지."

구불구불한 산책로를 따라 언덕을 오르자 등나무 벤치가 놓여 있었다. 신은 등나무 그늘로 들어가 땀을 식혔다. 바람이 시원했다. 구두코에 붙어 있던 작은 풀잎이 살랑살랑 움직였다. 신은 가볍게 발을 굴렀다.
빙그르르, 풀잎이 바람을 타고 하늘로 올라갔다. 신은 한동안 그것을 지켜보았다
"오래 기다렸나?"
신은 고개를 돌렸다. 지팡이를 짚고 등나무 그늘로 다가오는 노인이 보였다. 꽤 무더운 날이었지만 노인은 카디건을 입고 있었다. 가까워질수록 노인의 두 눈이 선명해졌다. 노인의 얼굴을 확인한 신은 눈앞이 깜깜해지는 것을 느꼈다.
"아…!"
"허허, 이런. 우리 구면이구먼."
잊히지 않는 웃음이었다. 조이사는 바로 장례식장에서 만난 그 참견쟁이 노인이었다.

조이사의 수수께끼

"불교에서는 옷깃만 스쳐도 500겁의 인연이라는데 일주일 사이에 두 번이나 만나다니, 인연도 보통 인연이 아닐세. 안 그런가?"

신은 머릿속이 하얗게 비워지는 느낌이었다. 하아, 신의 입에서 허탈한 탄식이 새어 나왔다.

"돌아가신 백회장님과는 고향 친구라고 하지 않으셨던가요?"

"맞네. 우리 둘 다 강원도 고성 출신이지. 죽마고우, 아름다운 우리말로는 불알친구라고 하지. 허허."

신은 막막했다. 장례식에서 내뱉었던 독설들이 여름밤 모기처럼 귓가에 윙윙거렸다. 할 수만 있다면 모두 주워 담고 싶었지만, 이미 엎질러진 물이었다. 신은 정면승부를 택했다.

"위임장 양식입니다. 서명해주신다면 그에 상응하는 보답을 약속드리겠습니다."

신이 내민 서류봉투를 빤히 바라보던 조이사가 지팡이를 벤치에 기대어놓고는 위임장을 꺼냈다.

"자네 어느 부서에서 일하나?"

조이사가 위임장을 훑어보며 물었다.

"기획팀입니다."

"기획팀이라… 기획팀은 내가 만든 부서지. 그래, 지금 진행 중인 프로젝트가 뭔가?"

"일종의 게임 시스템입니다."

신이 진행 중인 RV-프로젝트는 휴대용 게임기 개발이었다. 아직 통화 기능은 없지만 프로젝트의 성공 여부에 따라 어린이 전용의 통합 디바이스로 발전 가능한 모델이었다.

"일단 RV게임기 자체는 아주 저렴합니다. 게다가 각종 교육 콘텐츠가 내장되어 있어서 마케팅은 교육 분야에 초점을 맞출 겁니다. 학부모들이 사주기에 거부감이 없어야 하니까요. 또 무전기나 손전등 같은 귀여운 기능도 있고요. 하지만 그래서는 수익을 낼 수 없죠. 지속적인 과금 요소가 프로젝트의 핵심 포인트인데, 그게 바로 카트리지를 이용한 카드 시스템입니다."

RV게임은 근거리 무선 접속 방식으로 최대 8대까지 동시에 접속해, 총 500장의 캐릭터카드로 상대와 대결을 펼치는 게임이었다. 캐릭터마다 장단점이 있어 A카드는 B카드를 이기고, B카드는 C카드를 이길 수 있었다. 반대로 A카드는 C카드를 이길 수 없어 게임을 통해 승자가 패자의 캐릭터카드를 얻게 되는, 중독성이 엄청난 게임이었다. RV-프로젝트는 신이 2년 동안 심혈을 기울인 야심작으로 크리스마스 시즌 출시를 목표로 마무리 작업이 한창이었다.

"결국 아이들의 승부욕과 수집욕을 이용한 장난감이군."

"**승부**와 **수집**, 흥행의 절대법칙이죠."

신이 의기양양 어깨를 으쓱했다.

"쯧쯧. 그래봤자 결국 도박 카드 아닌가."

조이사는 혀를 차고는 위임장 표지를 부드득 뜯었다.

신은 갑작스런 조이사의 행동에 벼락을 맞은 듯 입만 벌리고 서 있었다. 그러거나 말거나 조이사는 표지를 반으로 접은 뒤 반으로 또 접었다. 그리고 접고 또 접었다. 조이사는 위임장 표지로 종이접기를 하고 있었다. 종이는 어느새 기린으로 변해 있었다. 조이사가 종이기린을 신에게 내밀었다.

"자, 선물이네. 친구 하나 없는 자네를 위한 장난감."

조이사의 손바닥 위에 서 있던 종이기린이 바람에 휘청거리다 풀밭 위로 고꾸라졌다. 신은 허겁지겁 기린 신세가 된 위임장을 주워 펼쳤다. 구겨진 위임장을 보자 속에서 열불이 났다. 신은 차갑게 조이사를 노려보았다.

"허허, 단단히 화가 난 모양이구먼. 걱정 말게. 아직 서명란은 멀쩡하니까."

신은 조이사의 웃음소리를 들으며 신문지상에 오르는 보험 판매왕들의 얼굴을 떠올렸다. 그들도 매일같이 이런 모멸감을 이겨내며 고액 연봉을 손에 쥐었으리라. 신은 이미지 트레이닝으로 모멸감을 이기려 애썼다. 성공을 위해서라면 이까짓 모멸감쯤은 백 번 천 번이고 느낄 준비가 되어 있었다.

한동안 두 남자는 벤치에 나란히 앉아 말없이 정면을 응시했다. 어디선가 날아온 골프공이 유성처럼 하늘을 가로질렀다.

"자네는 기획에서 가장 중요한 게 뭐라고 생각하나?"

조금 전엔 코페르니쿠스에 대한 질문을 받더니, 오늘은 질문을 받는 날이라도 되는 것 같았다.

"명백하죠. '아이디어가 돈이 되느냐, 마느냐' 이것 말고 뭐가 있겠습니까."

조이사는 신의 대답에 미간을 찌푸렸다.

"나는 발명가라네. 한국에선 발명가로 꽤 성공한 케이스지. 사람들은 나를 만나면 언제나 똑같은 질문을 한다네. 도대체 그런 기발한 아이디어는 어디서 얻느냐고. 나 참, 개똥 같은 질문이지. 속내는 그저 돈 되는 아이디어를 만들어내는 비법이 궁금할 뿐이면서. 자네도 알아두게. 아이디어니 대박이니 운운하는 인간들은 원숭이일 뿐이야."

신은 원숭이 취급을 당하는 것 같아 기분이 나빴다.

"그럼 기획에서 가장 중요한 게 뭡니까?"

"상상력."

너무나 식상한 대답에 맥이 풀릴 정도였다. 하지만 조이사의 말뜻은 신의 생각과 전혀 달랐다.

"내가 말하는 건 물건에 대한 상상력이 아니네. **사람에 대한 상상력**이지."

조이사는 카디건 주머니에서 스마트폰을 꺼냈다. 1세대 아이폰이었다.

"스티브 잡스가 이놈을 기획할 때 어떤 마음이었을 것 같나? '대박 터뜨려 돈이나 왕창 벌어보자'고 했을까. 아니야. '사람들은 어떤 핸드폰을 좋아할까? 어떻게 만들어야 기뻐할까? 그런 걸 만들면 사람들이 얼마나 행복해할까?' 하고 상상한 거야. 그래서 이 손바닥만 한 녀석이 감동을 주는 거지. 이놈을 보면 사랑이 느껴져서 좋아."

조이사는 소매로 정성스레 아이폰 액정을 닦고는 다시 카디건 주머니에 집어넣었다.

"나는 가난한 아이들에게 재미있으면서도 저렴한 놀이거리를 선물하기 위해 원더랜드를 만들었네. 아이들을 향한 사랑이 내 발명의 원동력이었지. 그리고 원더랜드의 창업정신이기도 하고. 하지만 지금 원더랜드는 철학을 잃어버렸어. RV인가 뭔가 허깨비 같은 것들로 애들 코 묻은 돈 빼낼 궁리만 하고 있지."

"기업은 소비자가 원하는 상품을 제공하는 곳입니다."

"무기상들도 그렇게 말하지."

신은 주먹을 쥐었다. RV-프로젝트는 그 누구도 브레이크를 걸지 않았던 신의 역작이었다.

"자네는 아이들을 소비자라고 생각하지? 어디 자네뿐인가. 원더랜드의 중역이란 작자들도 전부 똑같아. 사실 거기서부터 모든 게 꼬여버렸지. 자네가 만약 아이들을 친구로 생각했다면, 그런 어처구니없는 장난감을 만들었을까?"

"고객은 친구다…? 이사님처럼 모든 것을 가진 분은 그런 낭만적인 생각도 가능하겠죠. 경쟁도 배신도 없는 4차원 세계에서는요."

신이 차갑게 대꾸하자 조이사는 고개를 저었다.

"고객은 친구네. 더불어 지구에 살고 있는 모든 인류가 친구지. 혹시 '여섯 다리 관계(six degrees of separation)'라는 말 들어봤나? 여섯 다리만 건너면 지구에 사는 모든 사람들이 아는 사이가 된다는 뜻이네. 실험을 통해 검증된 사실이지. 우리나라에서는 세 다리면 누구와도 연결된다고 하더군."

조이사는 숨을 깊게 들이마신 뒤 말을 이었다.

"자네 등 뒤에는 보이지 않는 끈들이 이어져 있네. 그 끈들을 아름답게 가꾸는 일이 인생의 전부라네. …정말 그게 전부야."

"무슨 거창한 끈이기에 인생의 전부라 단언하시는 겁니까?"

"관계."

언덕 밑에서부터 풀잎들이 바람결을 따라 몸을 기울이고 있었다.

"자네를 증명하는 것은 자네의 육체도 능력도 아니네. 나와 관계 맺는 사람들이 나를 증명해주지. 우리가 주위 사람들을 사랑하고 그들과 상생해야 하는 이유라네. 우리의 몸속에 사람을 사랑하라고 프로그래밍되어 있네. 그 위대한 명령을 따르는 게 순리고 인생이야."

신은 냉소적으로 웃으며 고개를 저었다.

"인간은 이기적 유전자를 가지고 태어났습니다. 그것이 진화의 법칙이죠. 인간이 맺는 유일한 관계는 경쟁관계일 뿐입니다."

"인간은 남을 이기기 위해 산다?"

"제로섬 게임이죠. 승자들은 뺏고, 패자들은 빼앗깁니다. 이것이 게임의 법칙입니다."

조이사는 썩은 포도를 씹는 표정을 지었다.

"대한민국 정규교육이 모든 걸 망쳐놨군. 의미도 없고 재미도 없는 게임은 그만두게. 그건 인간의 본성에 맞지 않네. 그래서 요즘 사람들이 힘들어하는 거야."

조이사는 신에게 한 가지 이야기를 들려주었다.

13세기, 프로이센 왕국의 프리드리히 2세는 자신의 왕국을 유럽 최강의 군사대국으로 만든 황제였다. 그는 나폴레옹과 비견되는 위대한 통치자였을 뿐만 아니라, 유럽 최초로 '영(0)'의 개념을 도입하고, 새에 관련한 논문을 쓰고, 성문법 개정에 직접 참여한 지식인이기도 했다. 특히 그는 9개 국어를 구사할 만큼 언어 능력이 특출했는데, 이는 언어에 대한 학문적인 관심으로 이어져, 어느 날 한 가지 호기심을 실행에 옮기게 했다. 그 호기심은 다음과 같았다.

'만약 갓 태어난 아기에게 말을 가르쳐주지 않는다면, 그 아기는 순수한 자연언어를 쓰지 않을까?

강력한 황제였던 프리드리히 2세의 명령에 부모가 없거나 가난한 집안에서 태어난 신생아들이 즉각 실험 대상이 되었다. 보모에게 하달된 실험 준칙은 이러했다.

1. 아기들을 최대한 쾌적한 환경에서 보살펴야 한다.
2. 좋은 음식을 먹이고, 좋은 옷을 입히고, 항상 청결을 유지해 귀족 자제들 못지않게 돌봐야 한다.
3. 각각 독방에서 키워야 하며, 먹일 때와 씻길 때를 제외하면 안아주거나 기타 스킨십을 해선 안 된다.
4. 절대 아기들에게 말을 걸어선 안 된다.

프리드리히 2세는 측근들에게 실험을 통해 인간의 순수한 자연언어가 무엇인지 알게 되리라 장담했다. 그리고 그 언어는 라틴어나 히브리어, 그리스어 중 하나일 거라고 생각하며, 신생아들이 과연 어떤 언어를 쓸지 내기까지 했다.
하지만 이 내기에서 이긴 사람은 아무도 없었다. 인간의 품에 안기지 못한 아기들은 이유 없이 시름시름 앓기 시작했고, 1년도 채 되지 않아 모두 죽었기 때문이다.

"…사람은 사람 없이 못 살고, 사랑 없이도 못 사네. 남을 미워하고 이용하는 짓은 인간이기를 포기한 행동이야. 그 순간부터 원숭이로 돌아가는 게야. 인간의 과업은 타인과 관계를 맺고 사랑을 주고받는 것이라네."
조이사의 말에 신의 얼굴이 일그러졌다. 조이사와 얼굴을 마주 보고 있는 게 신에게는 지옥이었다. 세상을 보는 관점이 자신과 180도로 달랐다. 신의 목소리가 커졌다.

"또 사랑 타령이군요. 사회생활이나 해보고 그런 말씀을 하십니까?"

"허허, 자네는 내가 원더랜드의 창업주라는 사실을 잊은 모양이구먼."

"그런데도 인간들이 얼마나 비열한 족속인지 모른단 말씀입니까? 인간이란 남을 짓밟고 이용하는 존재입니다. 이기기 위해서라면 옆 사람이 죽든 말든 자신만 생각하는 이기적인 종자죠. 이런 세상에서 도대체 남들이 저하고 무슨 상관입니까?"

신의 얼굴이 벌겋게 달아올랐다. 장례식에서 겪은 똑같은 상황이 반복되고 있었다.

"이보게, 그렇게 성공한들 무슨 의미가 있겠나? 자네의 성공을 함께 기뻐하고 자랑스러워하는 사람들이 없다면 성공은 해서 뭘 하나? 외로울 때 소주 한잔 나눌 친구도 없다면 과연 그것을 성공이라 할 수 있을까?"

조이사가 답답한 듯 되물었지만 신은 코웃음을 쳤다.

"패배자들이야 아무렇게나 지껄이라죠. 전 싸구려 선술집에 다닥다닥 붙어 앉아 신세한탄이나 하지는 않을 겁니다."

"비뚤어진 원숭이로군."

"네, 하지만 저는 솔직한 원숭이입니다. 최소한 사랑이니 관계니 하는 낯간지러운 말로 사람들을 현혹시키지는 않는단 말입니다. 이쯤에서 그만두시죠. 도대체 얼마를 원하십니까?"

조이사가 두 눈을 껌벅거렸다.

"무슨 소린가?"

"원하는 금액을 말씀하시란 겁니다. 수수께끼인지 뭔지로 방문자들을 내쫓은 건 결국 위임장 가격을 높이려는 속셈 아닙니까? 솔직해지십시오! 얼마를 원하십니까?"

조이사가 말문이 막힌 듯 씁쓸한 웃음을 지었다. 구름에 자신이 할 말이라도 숨겨져 있는지, 조이사는 흘러가는 구름을 뚫어지게 바라보았다.

"위임장을 원하나?"

조이사가 위임장을 들어 보였다. 신은 폭발 직전의 증기기관차가 된 것만 같았다.

"네! 비뚤어진 원숭이는 성공하고 싶고, 성공하기 위해선 위임장이 필요합니다! 그렇지 않다면 제가 왜 이 골고다 언덕까지 올라왔겠습니까?"

조이사는 위임장에 서명을 하는 대신 두 번째 장을 뜯었다. 신은 자신의 살점이 뜯기는 것 같았다. 조이사가 위임장을 뒤집어 신에게 내밀었다.

"펜을 꺼내게."

"또 무슨 장난입니까?"

"펜!"

성난 황소처럼 거친 숨을 몰아쉬던 신이 신경질적으로 재킷 안주머니에서 만년필을 꺼냈다. 그리고 조이사가 내민 종이를 낚아챘다.

"자네 연상게임 해봤나? 종이에 자네가 원더랜드에서 만나는 사람들의 이름을 쓰게. 단, 2분 안에 서른 명의 이름을 써야 하네. 시간을 초과하거나 서른 명을 못 채우면 위임장은 물 건너가는 거야."

"시간 내에 서른 명을 쓰면 정말 위임장을 써주시는 겁니까?"

"벌써 5초가 지났군."

조이사가 악동 같은 표정을 지으며 손목시계의 유리 덮개를 두드렸다.

신은 멍하니 이면지를 내려다보았다. 꼭 받아쓰기 시험을 보는 초등학생이 된 기분이었다. 바보 같은 짓이었다.

"20초."

조이사는 바둑 대국 중에 남은 시간을 알려주는 친절하지만 냉정한 기록원처럼 시간을 쟀다. 신은 홍보부장의 말을 떠올렸다. 힘 있는 자가 룰을 정한다.

"30초."

정신이 번쩍 났다. 입술이 바짝바짝 타기 시작했다. 신은 허겁지겁 만년필을 굴렸다. 종이 위에 원더랜드의 간부들과 동료 직원들, 거래처 인사들의 이름들을 두서없이 적기 시작했다.

"1분 40초."

시간이 가까워 오자 손이 떨렸다. 순식간에 얼굴에 땀방울이 맺히더니 이면지 위로 뚝뚝 떨어졌다.

"그만!"

신은 계속해서 이름을 적고 있었지만 조이사는 봐주지 않고 시험감독관처럼 종이를 낚아챘다.

"이런, 자네 비즈니스맨 맞나? 스무 명도 못 채우다니."

신의 얼굴이 일그러졌다. 수많은 얼굴들이 머릿속을 스쳤지만 정작 이름이 기억나는 사람은 많지 않았다. 이렇게 단순한 시험을 통과하지 못하다니. 너무 억울해서 눈물이 날 지경이었다. 잡힐 것 같던 성공의 동아줄이 저 하늘 위로 멀어져가고 있었다.

"허허, 쿨한 젊은이가 그런 표정을 지으면 쓰나. 쯧쯧쯧. 도저히 못 봐주겠군. 내 한 번 더 기회를 주지."

신은 번쩍 고개를 들었다. 기적처럼 동아줄이 다시 내려왔다.

"기회를 두 번이나 준 건 자네가 처음이네. 수많은 놈들이 찾아와 기회를 더 달라고 울고불고 애원했지만 난 그들을 매몰차

게 돌려보냈어."

"그럼 어째서 저에게?"

"그냥 인연 때문이라고 해두지. 하지만 다음 기회는 절대 없네. 명심하게."

신은 죽다 살아난 듯 고개를 끄덕였다. 조이사는 이름들이 적혀 있는 위임장 이면지를 손에 들었다.

"자네가 적은 스무 명의 이름 중에서 내가 임의로 네 명을 고를 거야. 그리고 일주일에 한 명씩 그 이름을 자네에게 보낼 걸세. 그럼 자네는 내가 선택한 그 사람을 일주일 안에 친구로 만들어야 하네."

"네?"

마치 알 수 없는 외계어를 듣는 것 같았다.

"일주일에 한 명씩 친구를 만들게. 그리고 그 과정을 리포트로 써서 제출하게. 만약 자네가 네 사람을 친구로 만드는 데 성공한다면 내 기꺼이 위임장을 써주지."

"그렇게 말도 안 되는…."

조이사는 신의 말을 끊었다.

"내 주식의 시가 총액은 200억이 넘네. 200억짜리 권리를 얻으러 온 사람이 아무런 각오도 없이 오진 않았겠지?"

말문이 막혔다. 조이사의 말대로 신은 위임장을 받기 위해서라면 무슨 짓이라도 하겠다고 다짐했었다. 하지만 신이 마음속으로 대비한 시련은 이런 그림이 아니었다. 조이사는 그야말로 수수께끼를 낸 것이다. 신이 가장 풀기 싫어하는 수수께끼를. 조이사는 이면지를 카디건 주머니에 챙겨 넣고는 지팡이를 짚고 일어섰다. 그는 멍청히 앉아 있는 신을 내려다보았다.

"이보게, 원숭이. 교도소에서 가장 무서운 형벌이 뭔지 아나?"

"사형 아닌가요?"

신이 텅 빈 얼굴로 대답했다. 조이사는 고개를 저은 다음, 귓속말을 하듯 신에게 얼굴을 가까이 댔다.

"가장 무서운 벌은 바로 **독방형**이야."

조이사는 신의 어깨를 툭 치고는 발길을 옮겼다. 언덕을 내려가는 괴짜 노인의 등 뒤로 그림자가 길게 늘어졌다.

"관계란 자신이 한 만큼 돌아오는 것이네.
먼저 관심을 가져주고, 다가가고, 공감하고, 칭찬하고, 웃으면
그 따뜻한 것들이 나에게 돌아오지."
"인간을 좋아하면 성공할 수 있다는 말씀입니까?"
"반드시 성공하는 것은 아니네. 하지만 인간으로서는 성공할 수 있네."

종이배를 띄우다

 마지막 여름비가 추적추적 내렸다. 기와집 처마에서는 빗방울이 떨어져 내렸다. 도심 한가운데 섬처럼 떠 있는 한옥 마을. 그 끝자락에 신의 집이 있었다.
 신은 툇마루에 걸터앉아 무심하게 마당을 보았다. 거꾸로 엎어져 있는 장독에 빗방울이 튀고 빈 화분에도 빗방울이 튀었다. 오래전 일이지만, 저 장독 안엔 어머니가 손수 담근 붉은 고추장이 찰지게 담겨 있었고, 화분에는 아버지가 심은 야생란이 소박하게 봉오리를 피우기도 했다. 신의 아버지는 우산 공장 사장님이었다.

 "엄마, 난 365일 비만 왔으면 좋겠어. 그럼 우산이 많이 팔릴 테니까."

"호호, 하지만 소풍날은 어떡하지?"

"그러면… 딱 364일만."

신은 짧게 미소를 지었다. 하지만 비가 좋은 추억만을 담아 내리는 것은 아니었다. 아버지와 어머니를 먹구름 저 너머, 하늘 위로 보낸 것도 비였다. 32번 국도의 구슬 같은 빗방울들은 부모님이 타고 있던 소나타를 낭떠러지로 밀어버렸다. 신이 중학교 3학년 때였다.

한동안은 아버지의 형제들이 신을 보살펴주었다. 고아가 된 신이 기댈 곳은 그들뿐이었다. 그들은 장례식을 챙겨주었고, 밥을 챙겨주었고, 신의 용돈을 챙겨주었다. 하지만 호의는 오래가지 않았다. 피로 이어진 아버지의 두 형제, 어린 신이 큰아버지·작은아버지라 불렀던 그 작자들은 아버지의 우산 공장을 빼앗아 갔다. 신은 그날 이후 아무도 믿을 수 없었다. 그날 이후, 신은 어른이 돼버렸다.

투닥 투닥 투닥….

텅 빈 마당에서 빗방울들이 요란스레 튀었다. 비가 오면 언제나 이랬다. 처음엔 가랑비에 옷 젖듯 따뜻했던 추억이 떠오르고,

짧은 추억이 끝나면 지옥 같은 악몽들이 이어졌다.

신은 아버지의 형제들을 떠올리며 이를 갈았다. 그러자 너무나 익숙한 분노의 패턴이 이어졌다. 심장이 요동치다가 어느새 단단한 돌덩이가 되어 숨구멍을 짓눌렀다. 몸은 마라톤을 뛴 것처럼 천근만근 무거워졌다. 누군가를 미워하는 일에는 엄청난 에너지가 소모된다.

"신우현 씨! 신우현 씨!"

밖에서 신을 부르는 소리가 들렸다. 신은 정신을 차리고 비를 맞으며 마당으로 나갔다. 나무 대문의 팔뚝만 한 걸쇠를 빼내 문을 열자, 우의를 입은 택배 직원이 작은 상자를 건네주었다. 발신자는 조이사였다. 머리가 지끈거렸다.

신은 상자를 내려다보았다. 등나무 밑에서 적었던 스무 명의 이름 중 하나가 이 안에 들어 있을 것이다. 신은 어떤 이름일지 짐작도 할 수 없었다. 머릿속에 지우개가 돌아다니는 것처럼, 아무리 떠올려도 그때 어떤 이름들을 썼는지 도무지 기억나지 않았다.

신은 상자를 들고 방으로 들어갔다. 방 안에도 비가 내렸다. 천장에서는 똑똑 빗방울이 떨어지고 있었다. 너무 오래된 집이었다. 신은 빗방울이 떨어져 담기는 놋쇠 대야를 훌쩍 건너뛰었다.

신은 책상 위에 상자를 올려놓았다. 자신이 누구의 이름을 썼는지, 그리고 조이사가 누구를 선택했는지 궁금해서 미칠 지경이었다. 신은 앉지도 서지도 않은 어정쩡한 자세로 박스테이프를 뜯었다. 상자 안에는 종이배 하나가 덩그러니 놓여 있었다. 신은 멍하니 종이배를 바라보았다. 그것은 초현실적인 꿈의 한 장면 같았다.

"4차원에서 보낸 소포답군."

신은 종이배를 꺼내 천천히 펼쳤다. 하지만 더 멍해질 뿐이었다. 구겨진 종이는 백지였다. 아무리 뒤집어봐도 글씨는 써 있지 않았다. 신은 빈 박스를 다시 살펴보았지만 역시 헛수고였다. 내용물은 종이배를 접은 백지 한 장이 전부였다.

"망할 노인네. 도대체 무슨 속셈이지."

신은 눈을 감고 의자에 기대앉았다. 조이사가 미치광이 발명가일지는 몰라도 바보는 아닐 터였다.

똑똑똑… 놋쇠 대야로 떨어지는 빗방울 소리가 신의 머리를 두드렸다.

"혹시?"

신은 백지를 들고 개수대로 가 물을 받았다. 그리고 조심스레 백지를 물 위에 띄웠다. 종이배를 접은 데는 이유가 있을 것 같았다.

종이가 서서히 물을 먹기 시작했다. 신의 예상이 맞았다. 인화지에 영상이 새겨지듯 백지 위에 파란색 글자가 생겨나기 시작했다. 이름 세 글자였다.

'이 사람을 일주일 안에 친구로 만들어야 한다?! 하지만 어디서부터 시작해야 하지?'

세 글자의 이름은 그 자체가 하나의 수수께끼 같았다. 익숙했지만 그만큼 난감한 이름이었다.

종이는 계속 물을 먹으며 빙글빙글 돌았다. 신은 조심스레 물에 젖은 종이를 들어올렸다. 종이 밑 부분에는 또 다른 글씨가 떠오르고 있었다.

> 지식인은 어떤 사실을 알고 있고
> 성공한 인물은 어떤 사람을 알고 있다.
> ─존 디마티니

첫 번째 친구

월요일 아침 회의실에선 진풍경이 펼쳐졌다. 기획2팀 직원들이 테이블에 둘러앉아 어린아이들처럼 RV게임에 열중하고 있었던 것이다. 다섯 명 각자의 자리 앞에는 캐릭터카드가 잔뜩 쌓여 있었다.

신은 내리 3판을 진 상태였다. RV게임은 캐릭터카드의 선택이 승부의 50%를 차지했다. 나머지 50%는 캐릭터를 조종하는 타격 실력으로 결정된다. 신은 캐릭터카드는 제법 잘 골랐지만 타격은 신통치 않았다. 신은 건성건성 게임을 하며 팀원들을 한 명 한 명 유심히 관찰했다.

"팀장님, 지금 뭐하세요? 카드 주셔야죠."

깐깐한 서윤경이 닦달하자, 옆에 앉은 김대리가 넉살 좋게 웃었다.

"하하하, 대장님. 오늘 끝발이 안 좋네요."

김대리는 기분이 좋으면 신을 '대장님'이라고 불렀다. 하지만 기분이 나쁠 땐 뒤에서 뭐라고 부르는지 알 수 없었다.

"오늘도 내가 1등이군. 더 이상 적수가 없어."

오탁 대리가 어깨를 으쓱하며 말했다. 오탁은 겉은 소심해 보이지만 속은 자만심으로 꽉 차 있는 스타일이었다. 아마 자기가 연봉 1억 원은 받아야 한다고 생각하고 있을 게 분명했다.

"RV게임 대박 나면 회사에서 해외여행 보내주겠죠? 재작년에 3팀은 보라카이 갔다 왔다잖아요. 하하."

팀의 막내인 영란이 싱글벙글 웃으며 말했다. 영란은 귀엽고 명랑하게 분위기를 잘 띄웠지만, 분위기 파악은 전혀 못했다. RV-프로젝트가 실패하면 2팀은 통째 공중분해될 수밖에 없었다.

그런데 다른 팀원들도 영란의 분위기에 휩쓸렸는지 갑자기 해외여행과 인센티브에 대한 기대감을 거침없이 드러내기 시작했다.

'다들 제정신이 아니군. 어떻게 저렇게 태평할 수가 있지?'

도무지 마음에 드는 사람이 하나도 없었다. 존경할 만한 상사를 만나는 건 진즉에 포기했지만, 부하직원 한 명 정도는 손발이 척척 맞길 바랐다. 그런데 어찌 된 일인지 좋은 상사를 만나기보다 좋은 부하직원을 만나기가 열 배는 더 힘들었다.

신은 장난감을 기획하는 일이 좋았다. 장난감을 생각하면 어린 시절이 떠오르고 즐거웠다. 좋아하는 일을 직업으로 삼았으니 하루하루가 즐거워야 하는 게 마땅했다. 그러나 현실은 그렇지 않았다. 일은 분명 즐거웠지만 일을 위해 만나야만 하는 사람과의 관계는 전혀 즐겁지 않았다. 신을 힘들게 하는 것은 오직 사람뿐이었다.

"오늘은 여기서 끝냅시다."

신이 게임기를 내려놓자 서윤경이 캐릭터카드를 정리하며 아쉬운 듯 말했다.

"휴, 이게 돈이라면 얼마나 좋을까요."

"어쩌면 돈이 될지도 모르죠. 만약 RV 붐이 일어난다면 캐릭터카드는 아이들 세계의 화폐가 될 수도 있습니다. 리니지의 게임머니인 아덴은 오프라인에서 화폐로 거래되고 있죠. 미국에선 1,000달러가 넘는 야구카드도 수두룩하고요. 아참, 영란씨…."

서윤경과 이야기를 하던 오탁이 고개를 돌려 영란을 불렀.

"모닝커피 해야죠?"

영란은 난감해하며 캐릭터카드를 만지작거렸다.

"제가 요즘에 속이 좀 안 좋아서요."

"아, 그럼 녹차라떼가 좋을까?"

"네? 저기… 제가 녹차라떼는 못 먹거든요. 꼭 강물에 녹조 낀 것 같지 않아요? 하하."

영란이 웃으며 사양하자 오탁은 범죄자를 취조하듯 그녀를 바라보더니, 소리 없이 자리에서 일어났다. 서윤경과 김대리는 어깨를 으쓱하고 회의실을 빠져나갔다.

영란은 회의실에 남아 RV 테스트 기기와 캐릭터카드를 박스에 넣었다. 그런데 정리를 하는 폼이 두서가 없었다. 똑같은 카드를 박스에 넣었다 뺐다 하는 게 전체적으로 안절부절못하는 모습이었다. 신은 말없이 회의실을 지키고 있었다.

"영란씨, 저녁에 시간 되나?"

"네?"

회의실에 외마디 비명 같은 영란의 목소리가 울렸다. 많이 놀란 얼굴이었다. 신도 영란의 과민반응에 말문이 막혔다. 하긴, 놀랄 만도 했을 것이다. 신은 야근할 때를 제외하고는 팀원들과 저녁이나 술자리를 한 적이 없었기 때문이다. 신도 할 수만 있다면 솔직하게 말하고 싶었.

'위임장을 받기 위해서는 네 명의 친구를 만들어야 하고, 영란씨가 첫 번째 친구로 선택됐어. 다 그 망할 노인네 때문이야.'

신이 마땅히 할 말이 없어 우물쭈물하는데 영란이 난감한 표정을 지었다.

"죄송하지만 저녁에 선약이 있는데…."

신은 영란의 말에 막막해졌다. '선약이 있습니다.' 이 말은 신이 약속을 거절할 때마다 쓰는 단골 레퍼토리였다.

"그럼 내일이나 모레라도…."

"죄송해요. 이번 주는 제 인생에서 최고로 바쁜 주거든요."

신은 더 이상 할 말을 찾지 못했다. 신은 비즈니스 외에 누군가에게 다가간 적이 없었다. 그래서 거절당한 경험이 없었고, 거절당했을 때 어떻게 해야 하는지도 잘 몰랐다. 게다가 남을 귀찮게 하지 않는 것은 신의 생활신조이기도 했다. 신은 멍하니 바닥에 떨어진 캐릭터카드를 내려다보았다.

"정말 죄송한데…."

"아냐, 불편하게 해서 내가 미안해."

"그게 아니라, 한두 시간 정도 기다려주실 수 있으면 오늘 시간을 낼 수도 있을 것 같아요. 괜찮으시겠어요?"

신은 번득 고개를 들었다.

창밖으로 대학로의 밤 풍경이 펼쳐졌다. 거리는 밤이 깊어갈수록 활기가 넘쳐났다. 신은 어두침침한 2층 바에 앉아 가벼운 칵테일을 마시고 있었다. 바 한구석에서 낡은 재즈판이 돌아갔다. 바텐더가 판을 몇 번이나 교체했을까. 영란이 허겁지겁 안으로 들어왔다. 뛰어왔는지 이마에 송골송골 땀방울이 맺혀 있었다.

"늦어서 죄송해요. 리허설이 길어지는 바람에… 맥주 좀 시켜도 될까요?"

영란은 주문한 맥주가 오자 순식간에 맥주병 하나를 해치웠다. 어지간히 목이 탄 듯했다. 신은 무슨 말부터 꺼내야 할지 막막해서 영란을 따라 맥주를 마셨다. 영란은 신과 눈이 마주치자 작게 트림을 하더니, 또 맥주를 시켜 마셨다. 신도 맥주를 시켜 마셨다. 지독하게 서먹서먹한 자리였다. 신은 이런 자리를 만들게 한 조이사를 속으로 수없이 욕했다.

"리허설이라면…"

어렵사리 신이 말을 꺼냈다.

"아, 연극 리허설이에요."

"연극? 원래부터 연극을 한 건가? 대학 시절 연극 동아리?"

신의 눈에 호기심이 어렸다. 영란이 부끄러운 듯 손사래를 쳤다.

"아니에요. 입사하면서 직장인 동호회에서 올리는 아마추어

무대에 들어갔어요."

 신은 천천히 고개를 흔들었다. 피로감만 엄습하는 인간관계를 직장 밖에서까지 지속하려는 사람들을 도무지 이해할 수가 없었다.

 "열심히 하는 거 보니 많이 재밌나 봐."
 "네. 지금은 무척 재밌지만, 사실 처음엔 성격을 바꿔보고 싶어서 시작했죠. 일종의 치료요법으로요."
 "치료?"

 아무리 생각해도 치료란 말은 영란과 어울리지 않았다. 영란은 눈만 빼놓고는 전체적으로 모든 게 작은 아가씨였다. 키도 작고, 귀도 작고, 손도 작고, 구두도 작았다. 게다가 믿기지 않을 정도로 동안이어서 초등학생이라고 해도 믿을 정도였다.

 영란의 별명은 스마일 걸이었다. 사무실에서건, 복도에서건, 식당에서건 언제나 웃는 얼굴이었다. 영란은 사회 초년병답게 업무에서 실수가 잦았다. 그런데 이상하게도 그녀의 실수는 언제나 구렁이 담 넘어가듯 대충 무마되기 일쑤였다. 영란의 웃음은 기막힌 무기여서, 대부분은 화를 내다가도 결국은 그녀를 따라 웃고 만다.

 하지만 신은 달랐다. 실수를 은근슬쩍 웃음으로 덮고 넘어가는 것은 두고 볼 수가 없었다. 그것은 반칙이었다. 적어도 신의 전쟁터에서만큼은. 그래서 신은 영란을 혹독하게 대했다. 그럼에도 영란은 좀처럼 달라지지 않았다. 그런데 그런 아가씨가, 매사에 긍정적인, 너무 긍정적이어서 속없어 보이는 아가씨가 치료라니?

"입사하고 그동안 가볍다, 덜렁댄다, 꼼꼼하지 못하다, 때와 장소를 가리지 못하고 웃는다는 말을 수천 번은 들은 것 같아요. 심지어 생각이 없다, 그런 머리로 바늘구멍 취업문은 어떻게 뚫었냐, 회사 중역 중에 친척이 있는 것 아니냐 같은 말도 들었죠. 그래서 성격을 바꾸고 싶었어요. 제가 생각해도 저 자신이 직장 생활에 적합하지 않은 성격이라 생각했거든요."

이야기를 듣는 내내 신은 뜨끔했다. 영란이 들었던 비난의 절반은 팀장인 자신의 입에서 튀어나온 말 같았다.

"처음 연극을 하면서는 직장인의 이상적인 모델을 머리에 넣고 그렇게 되어보려고 노력했어요. 이를테면 직장인은 냉철해야 한다, 속내를 보여서는 안 된다, 비굴해질 때와 남을 누를 때를 알아야 한다, 텔아비브 공항에 떨어져도 5분 안에 옆 사람을 내 편으로 만들 수 있어야 한다 등등처럼 말이죠. 하지만… 제가 만든 모델은 절 지치게 할 뿐이었어요. 애초부터 그 옷은 저에게 맞는 옷이 아니었죠."

영란의 말은 예상에서 벗어나 있었다.

"그럼 영란씨에게 맞는 옷은 뭐였지?"

"무대 위에서 여러 캐릭터를 연기하며 깨달은 건 저 자신의 모습이었어요. 그냥 있는 대로, 생긴 대로의 제 모습이요. 그것이 저에게 가장 맞는 옷이었죠."

"그럼 결국 아무런 변화도 없었다는 말 아닌가?"

"아뇨. 많은 변화가 있었어요. 정말 엄청난 변화가."

영란은 반전드라마의 대사를 읽듯이 말했다.

"관점을 바꾸면 세상이 변한다는 것을 깨달았죠. 전 자신을 인정하고 나서 자신감을 찾았어요. 자신에 대한 재발견이라 할까요. 항상 단점으로만 여기던 덜렁대는 성격이 꼭 나쁜 것만은 아니라는 것을 알게 됐죠. 제가 깨달은 사실은, 성격이나 대인관계의 테크닉 같은 건 그리 중요하지 않다는 것이었어요. 진심이란 보이지는 않지만 언젠가는 느껴지는 것 같아요."

영란은 얼마 남지 않은 맥주를 가볍게 들이켰다.

"오늘 팀장님에게 저녁 약속 제의받았을 때 좀 당황스러웠어요. 왠지 평소의 팀장님 같지 않아서요. 그동안 사적인 자리는 없었으니까요. 사실 아주 약간의 인간적인 이야기조차 없었죠."

영란이 창밖을 가리켰다. 거리 한편에 넥타이를 맨 직장인들이 모여 왁자지껄 떠들어대고 있었다.

"저기를 보세요. 저 사람들도 내일 아침 일찍 출근을 해야 하는 직장인들이겠죠. 지금쯤 몸이 천근만근 무거울 거예요. 하지만 저들은 휴식을 포기하고 이 거리로 모였죠. 무엇이 저들을 이 거리로 모이게 만들었을까요?"

신은 창밖을 내려다보았다. 모두 누군가를 만나거나, 누군가를 기다리고 있었다. 꽤 늦은 시간이었지만 사람들의 얼굴에선 피곤한 기색이라곤 찾아볼 수 없었다.

"중요한 건 사람과 사람을 자석처럼 만나게 하는 무언가가 아닐까, 그게 정말 중요한 게 아닐까, 그런 생각이 들어요."

"영란씨는 왜 만남을 좋아하지?"

영란은 엉뚱한 질문을 받은 듯 당황한 표정을 지었다.

"글쎄요, 아마… 행복해지기 위해서 아닐까요?"

신은 영란의 말을 이해할 수 없었다. 아버지의 형제들에게, 직장상사에게, 그리고 누군가에게 믿음을 배반당한 이후, 신에게는 이유 없는 만남이란 존재하지 않았다. '친절 뒤에는 술수가 숨어 있다.' 이것이 많은 것을 잃고 나서 얻은 신의 깨달음이었다. 신은 만남이 즐겁기는커녕 악몽 같았다.

"즐겁게 사람들을 만나고 상대를 진심으로 대하는 건 물론 좋은 일이지. 하지만 현실은 그리 아름답지가 않아. 아마 누군가는 영란씨를 무시할 거야. 또 누군가는 진심을 이용하려 할 거고."

영란은 심각한 얼굴로 고개를 끄덕이더니, 이내 명랑한 톤으로 대답했다.

"뭐, 오늘 나쁜 사람을 한 명 만났더라도 내일은 좋은 사람을 두 명 만날 수도 있잖아요."

정말로 못 말리는 낙천주의자였다. 어쨌든 그것이 영란이 되찾고 사랑하게 된 그녀의 성격이었다. 신은 누군가가 이 작은 여자를 오랫동안 지켜주기를 바랐다.

바에서 나온 두 사람은 입구에 서서 갑자기 찾아온 비를 바라보았다. 빗방울이 제법 굵었다. 영란이 들고 있던 우산을 펼쳤다. 한사코 사양했지만 영란은 신을 우산 아래로 끌어들였다. 결국 신은 영란과 한 우산을 쓰고 버스정류장으로 걸어갔다.

"비 좋아하세요?"

신은 고개를 저었다. 우산 위로 빗방울이 쉬지 않고 튀었다.

"아니. 비가 오면… 집에 물이 새거든."

"네? 하하하!"

영란이 사내아이처럼 크게 웃고는 신을 향해 고개를 돌렸다. 신은 자신을 뚫어지게 쳐다보는 영란의 눈빛에 당황했다. 버스정류장에 도착하자 영란이 연극 초청 티켓을 꺼내 내밀었다.

"이번 주 일요일에 동호회에서 공연을 해요. 시간 되면 참석

해주실 수 있으세요?"

"미안하지만 일요일에는 약속이 있어."

"아, 네에."

영란은 어색한 미소를 지으며 티켓을 감췄다. 헤드라이트를 켠 자동차의 행렬에 영란의 콧등 위로 긴 그림자가 지나갔다. 신은 무언가가 멀어지는 기분을 느꼈다.

"일요일에 누군가를 만나야 해. 나한테 아주 중요한 사람이야. 그 사람과 나는 어떤 거래를 했어. 어쩌면 거래가 아니라 그 사람의 장난일지도 몰라. 하지만 그가 쳇바퀴 속에 날 집어넣었다 해도 나는 계속 달려야 해."

귀를 쫑긋 세우고 이야기를 듣던 영란이 갑자기 폭소를 터뜨렸다.

"제가 여태까지 들었던 말 중에 최고로 이상한 거절 멘트예요. 푸하하."

"더 이상은 밝힐 수가…."

"아, 알겠어요. 대신 다음에 밥이나 사주세요."

"그건 약속하지."

영란은 버스를 기다리며 우산을 접었다. 사실 접는다기보다는 아무렇게나 구겨 잠그는 것이었다. 신이 영란의 우산을 빼앗아 빗물을 털어낸 다음, 반듯하게 우산을 접어나가기 시작했다. 영란은 무척 신기해했다.

"그런데 어떤 작품을 공연하지?"

"햄릿이에요."

"그럼 영란씨 배역은?"

영란이 부끄러운지 고개를 수그렸다.

"햄릿이요."

"아…."

펜싱검을 든 영란의 모습을 생각하자, 햄릿이 아니라 어린왕자가 떠올랐다. 신은 웃음을 참으며 영란에게 곱게 접힌 우산을 돌려주었다.

관계 지향적 인간

등나무 언덕엔 은색 티테이블이 세팅되어 있었다. 조이사가 리포트를 읽는 동안 신은 끝없이 펼쳐진 풀밭을 내려다보았다. 바람이 불자 언덕의 풀잎들이 일렁이며 고운 결을 만들어내고 있었다. 초록의 파도였다.

"자네 팀은 왜 회식을 하지 않나? 회식비가 나올 텐데."

조이사가 리포트를 내려놓으며 물었다.

"회식보다는 그 돈을 나눠서 각자 필요한 곳에 쓰는 것이 합리적인 것 같아서 그렇게 하고 있습니다."

"이런, 어처구니없는 친구 보게. 자네, 공금을 횡령하고 있군!"

조이사의 말에 정신이 번쩍 났다.

"회식비는 당연히 회식을 위해 써야 하네. 회사에서도 이유가 있어서 그 돈을 지급한 거니까. 하지만 자네는 그 이유를 멋대로 해석하고 멋대로 공금을 집행했네. 하라는 회식을 왜 안 하지? 한 푼이라도 아끼기 위해 구조조정도 서슴지 않는 곳이 요즘의 조직이네. 그런 곳에서 왜 회식비를 지급한다고 생각하나? 그리고 왜 체육대회를 하고 송년회를 하겠는가?"

신은 당혹스러웠다. 하나는 조이사의 흥분한 음성 때문이었고, 하나는 회사에서 여러 행사를 하는 이유를 한 번도 깊이 생각해본 적이 없었기 때문이다. 회식, 체육대회, 송년회, 자선 바자회 등 회사 모임이 있을 때마다 신은 꼼짝도 하기 싫었다. 왜 회사는 아까운 시간과 비용을 들여가며 그런 일을 벌이는 것일까? 신은 이유를 물었다.

"본질적으로 그것은 관계를 위해 지불하는 비용이네."

신은 조이사의 말을 이해할 수 없었다. 관계를 위한 비용이라고? 도대체 어떤 회계장부에 기입되는 비용이란 말인가?

"모든 비용이 그렇듯, 회사도 이 비용을 지출하고 싶어하지 않네. 하지만 지출할 수밖에 없지. 회사가 언제 돈을 쓰나?"

"더 많은 이익을 낼 때뿐이죠."

"그렇지. 이익을 위해서지. 하지만 모든 이익이 수치화되는 것은 아니네. 관계를 위한 비용도 마찬가지야. 이익이 얼마로 돌아올지 정확히 셈을 하기 힘들지. 하지만 오너들은 관계를 위해

돈을 쓰는 데 주저하지 않네. 사업은 결국 사람 장사니까. 조직원들의 관계가 개선되면 그것은 회사의 이익으로 돌아오게 되어 있지."

조이사가 홍차를 잔에 따랐다. 그리고 두 손으로 잔을 감싸 쥐었다. 차의 온기 때문인지 조이사의 얼굴에서 냉기가 서서히 가시고 있었다.

"회사에서 인간관계까지 신경 써주는 줄은 몰랐는데요?"

"신경을 쓰는 정도가 아니라 언제나 예의주시하고 있다네. 회사는 **갈등**을 가장 무서워하네. 그래서 실패한 직원은 용서해도 분란을 일으키는 직원은 절대 용서하지 않아. 아무리 훌륭한 조직이라도 미꾸라지 한두 마리만 풀어놓으면 엉망이 되니까. 회사는 갈등에 관한 한 노이로제 환자와 같다고 보면 되네. 지나치게 민감해서, 스캔들이 일어났을 때는 가해자뿐만 아니라 피해자까지 같이 몰아내려고 하지."

"역시 비정한 세상이군요."

신이 툴툴거리자 조이사가 고개를 저었다.

"비정하다기보다는 관리자들 역시 인간이기 때문이네. 그들도 그리 논리적이지 않아. 머리로는 피해자들이 억울하다는 걸 알지만, 왠지 꺼림칙한 거야. 진상이 어떻든 피해자 또한 **갈등**이라는 이미지에 가까워져버렸으니까. 비가 많이 오는 지역의 기상캐스터가 인기 없는 이유와 비슷하지."

　신은 원더랜드의 빌딩을 떠올렸다. 그 속에 수백 쌍의 **보는 눈**이 존재하고, 그것들이 한 사람에 대해 나름대로 평가를 내린다? 생각이 여기에 미치자 으스스했다. 회사 곳곳에 설치된 몰래카메라들이 자신을 감시하는 것 같았다. 어차피 감시를 당한다면 신은 긍정적으로 보이고 싶었다.

　"회사는 어떤 이미지의 직원을 좋아합니까?"

　"갈등의 반대 이미지들을 생각해보게."

　"협동? 화합? 단결? 친화? 팀워크?"

　조이사는 단어만 들어도 기분이 좋은지 고개를 끄덕끄덕했다.

　"모두 맞네. 결론적으로 조직은 **관계 지향적인 인간**을 좋아하네."

　신은 '관계 지향적인 인간' 의 모습을 잘 떠올릴 수가 없었다. 다만 자신이 그런 사람이 아니라는 것만은 확실했다.

　"대다수의 직장인들은 능력만 좋으면 승진을 한다고 생각하지. 하지만 능력이란 말에는 함정이 있네. 회사에서 요구하는 능력은 단지 '업무 능력' 에만 국한되지 않네. 조직이란 혼자서는 아무것도 이룰 수 없는 곳이야. 당연히 다른 직원들과 협동하고 의견을 조율하는 '관계 능력' 을 높이 평가할 수밖에 없다네. 하버드 대학에서 한 해 동안 해직당한 사람을 조사해본 결과, '업무 능력 부족'이 해고의 원인인 경우보다 '관계 능력 부족'으로 해고당한 경우가 두 배 더 많았다네. 아무리 업무 능력이 뛰어나도 '관계 능력'이 모자라면 조직에서는 무용지물이야. 코카콜라에서는 아예 대화할 때 '나(I)' 대신 '우리(We)'라는 말을 쓰도록 직원들을 교육시키고 있지."

"관계를 잘 맺는 것도 능력이라는 말씀인가요?"

조이사는 관계 능력에 대한 또 다른 조사 결과를 들려주었다.

미국 퍼듀 대학의 연구진이 5년에 걸쳐 공학부 졸업생들을 조사한 결과, 재학 당시 두뇌가 뛰어나고 학업 성적이 좋다고 평가받던 상위 그룹과 그렇지 못한 하위 그룹의 연봉 차이는 200달러였다. 우리 돈으로 환산하면 20~30만 원의 차이로 연구적으로는 무의미한 차이였다. 반면 대인 관계에서 뛰어난 평가를 받던 상위 그룹과 대인 관계에 서툴렀던 하위 그룹의 연봉 차이는 무려 33%였다.

"명심하게. 다른 사람과 조화를 이루지 못하는 사람은 지구상에서 절대 성공할 수 없네."

"관계 능력을 키우려면 어떻게 해야 합니까?"

조이사는 소리 나게 잔에 홍차를 따른 다음 향을 음미했다.

"그 방면의 전문가를 소개시켜주지. 연락처는…."

"잠깐만요!"

신은 말을 놓칠세라 허둥지둥 수첩을 꺼냈다. 조이사가 의뭉스레 후후 입으로 홍차를 식히며 말했다.

"서울특별시 중구 중림동 원더랜드 사옥 12층 기획2팀에 근무하는 영란이라는 아가씨라네."

수첩에 영란이라는 이름을 쓰고 나서야 신은 상황을 파악했다.

"저는 농담할 기분 아닙니다."

조이사는 무릎 위에 있던 리포트를 들더니, 손끝으로 툭툭 종이를 두드렸다.

"영란이라는 아가씨한테 보고 배우라고 한 말은 농담이 아닐세. 자네의 리포트에 따르면 그녀는 항상 웃으며 주위를 즐겁게 해준다지. 게다가 무안을 당해도 다시 웃을 수 있을 만큼 뒤끝도 없지."

"좀 단순한 여자죠."

신이 시큰둥하게 대꾸하자 조이사가 답답한 듯 고개를 저었다.

"이 답답한 친구야. 그녀라고 괴롭고 슬픈 일이 왜 없겠는가? 하지만 그걸 참고 웃는 거야. 마음만 먹으면 얼마든지 히스테리를 부리고, 짜증을 내고, 남한테 상처를 줄 수 있지만 그렇게 하지 않는 거야. 왜인 줄 아나? 항상 상대방의 입장을 상상하고 배려하기 때문이지. 만약 자네가 5분이라도 그녀의 입장을 상상해본 적이 있다면 그런 어리석은 소리는 못할 걸세!"

신은 아무런 항변도 할 수가 없었다. 영란 역시 비즈니스맨이었다. 힘들고 기분 나쁜 일을 피해 다니는 동화 속의 작은 요정이 아니었다. 매일 부딪치고 깨지는, 종종 비참해지는 사회 초년병. 하지만 신은 한 번도 그런 막내 팀원의 상태가 어떨지 진지하게 생각해본 적이 없었다.

조이사는 다시 차분한 목소리로 돌아왔다.

"직장생활 하면서 아마 이 말을 수천 번도 더 들어봤을 거네. '항상 소비자의 입장에서 생각하라.' 그럼 어떻게 해야 할까. 상상 속에서 내가 소비자가 되어보는 수밖에 없어. 일종의 역할 **시뮬레이션**을 하는 거지. 시뮬레이션이 리얼할수록 팔리는 아이디어가 나오지. 멀리 갈 것도 없이 자네가 장난감을 기획할 때를 떠올려보게. 자네가 진짜 제대로 된 기획자라면 상상 속의 아이가 되어 자네가 기획하는 장난감을 가지고 놀 걸세. 아마 그때가 하루 중 가장 즐겁고 순수한 순간이겠지. 아주 좋은 중독의 순간이지. 인간관계의 성패도 역시 상상력에 의해 결정되네. **상대방과 잘 지내려면 상대방이 돼봐야 해.**"

신은 에스프레소잔 끝에 검지를 대고 원을 그렸다.

"기획에 대한 말씀은 저 역시 수긍이 갑니다. 제가 누구한테도 가르쳐주지 않는 기획 노하우도 바로 그것이죠. 저는 하루에도 수백 번씩 아이를 시뮬레이션합니다. 아이들이 무엇을 원하는지 그들의 니즈(needs)를 찾아내죠. 여기까지는 이사님 말씀대로입니다. 하지만 아이들이라는 소비 집단과 상대방이라는 개인은 엄연히 다릅니다. 제가 아무리 상대방을 상상해본들 상대방이 원하는 걸 알 수 있을까요?"

"답은 간단하네. **내가 좋아하는 걸 남도 좋아해.**"

"저는 커피를 마시고 있고, 이사님은 홍차를 드시고 계십니다. 차 하나를 선택하는 데도 우린 이렇게나 다릅니다. 조이사님도 제가 뭘 좋아하고 싫어하는지 모르시지 않습니까?"

"난 아네."

"그래요? 그럼 제가 좋아하는 색깔을 한번 맞혀보시죠."

"그건 모르지만 자네가 진짜 좋아하는 건 아주 잘 알지. 수첩 줘보겠나."

조이사는 테이블 위에 팔을 올렸다. 신이 펜과 수첩을 건네자 조이사는 크게 숨을 들이마시고 글을 적었다.

관심, 먼저 다가가기, 공감, 진실한 칭찬, 웃음

수첩을 받아 든 신은 5개 항목을 읽고 또 읽었다.

"이게 뭡니까?"

"말귀를 못 알아듣는 것 같아서 과외선생처럼 요점 정리를 해봤네. 그게 바로 관계 능력을 키우는 법칙이야. 자네가 좋아하는 성공 법칙의 다른 말이기도 하지. 상대방에게 관심을 가져주고, 먼저 다가가고, 공감하고, 칭찬하고, 웃으면, 상대의 마음을 얻을 수 있다네."

"글쎄요. 제 마음은 못 얻을 것 같은데요."

"자네도 마음을 줄 수밖에 없어."

조이사의 깡마른 손은 떨리고 있었지만 음성은 한 치의 떨림도 없었다.

"마치 제 마음이 얇은 책으로 되어 있고, 이사님은 방금 그 책을 다 읽은 것처럼 말씀하시는군요."

"그런 책은 볼 필요도 없네. 인간의 본성은 똑같으니까. 자네는 덩치 큰 어린아이에 불과해. 단지 스타일이 세련됐을 뿐 마음은 어린애처럼 사랑을 갈구하지."

"전 사랑 따윈 관심 없습니다."

풀밭 위로 구름의 그림자가 지나가고 있었다. 조이사는 잔에 남은 홍차를 들이켠 다음 세 잔째 홍차를 따랐다. 그리고 신의 빈 에스프레소잔에 커피를 따라주었다.

"내 말을 믿지 못하겠다면, 한번 게임을 해보겠나? 내가 적어준 것들을 이번 주에 실행에 옮기는 거야. 그래서 긍정적인 변화가 있으면 내가 이기는 거고, 아무런 변화도 없으면 자네가 이기는 거지. 어떤가?"

게임이라는 말은 신을 의욕적으로 만들었다.

"게임이라면 좋습니다. 이왕 하는 김에 내기를 걸죠. 조이사님이 이기시면 유로화 원년에 나온 100유로 지폐를 드리겠습니다."

신은 내기를 좋아했다. 그에게 인생은 게임이었다. 돈을 번다는 건 결국 누군가를 이겨서 빼앗는 것이었다. 작은 게임을 통해 이기는 습관을 들여야 큰 게임에서도 이길 수 있다는 것이 그의 지론이었다.

"허허, 제안을 받아들이지. 만약 내가 지면 '88올림픽 기념주화 세트'를 주겠네. 순금 100퍼센트로 제작된 한정판이라 가격이 상당하지. 물론 부담 가질 필요는 없어. 난 부자고, 또 어차피 이길 테니까."

둘은 티타임의 마지막 잔을 마셨다. 한동안 언덕의 풍경을 바라보던 조이사가 뜬금없는 소리를 했다.

"영란이라는 아가씨, 예쁜가?"

"무슨 뜻입니까?"

"그런 보석 같은 처자를 놓치지 말라는 소리일세."

조이사가 짓궂게 웃으며 신의 어깨를 툭 쳤다. 신이 어처구니없다는 표정을 짓자 그는 또 한 번 신의 어깨를 쳤다. 신도 조이사의 어깨를 툭 쳤다. 그해 마지막 여름이 그렇게 지나가고 있었다.

엘리베이터

 이 세상에는 이유 없는 일들이 많이 벌어진다. 그래서 이유 없이 미움을 당하는 경우도 생긴다. 아무리 생각해도 그에게 특별히 미움받을 일을 한 적이 없지만, 그는 나를 미워한다. 신에게는 기획이사가 그랬다.
 '나는 네 눈빛이 마음에 안 들어.'
 이사가 되기 전 그는 술 한 방울 마시지 않은 상태에서 신에게 직설을 날렸다. 그날 신은 집에 돌아와 거울을 한참 바라보았지만 아무런 실마리도 찾을 수 없었다. 눈빛이 싫다는 말은 신의 혈액형이 AB형이라서, 고향이 서울이라서, 남색 재킷을 입어서 싫다는 말과도 같았다. 결국 이유는 없다. 기획이사는 그냥 신이란 존재가 싫었던 것이다.

그래서 오전에 기획이사와 엘리베이터에서 단둘이 마주쳤을 때, 신은 뛰쳐나가고 싶은 충동에 휩싸였다. 그는 신을 싫어했고, 게다가 지금은 큰 백이사 쪽 사람이었다.

신은 기획이사에게 목례를 하고 층수를 표시하는 화면을 올려다보았다.

"RV-프로젝트는 잘돼가나?"

"네."

"참, 회의에서 정식으로 다룰 예정인데 말이야, RV-프로젝트, 3팀과 공동으로 진행하게 될 거야."

신의 주먹에 불끈 힘이 들어갔다.

"무슨 말씀이신지… 저희 2팀만으로도 충분합니다."

"2팀만으로 진행하기에는 덩치가 너무 커졌어. 위에서 기대가 얼마나 큰데 그래? 두 팀이 합쳐서 시너지를 내봐."

기획이사의 말처럼 프로젝트의 규모가 커지면서 2팀의 인력이 모자라는 것은 사실이었다. 하지만 신은 3팀에게 RV-프로젝트를 양보할 생각은 추호도 없었다.

"추가 캐릭터 사업은 3팀이 맡고, 2팀은 마지막까지 버그 싹 다 잡아내서 리콜 없게 만들어. 자네 공대 출신이니까 잘하겠지?"

그 말은 고속도로를 만든 2팀은 계속 도로나 수리 보수하고, 통행료는 3팀이 받아가겠다는 뜻이었다.

"네. 저는 공돌이가 맞습니다. 그리고 3팀 원팀장은 체육특기생으로 대학을 나온 체육인이고요."

신의 도전적인 말투에 기획이사의 얼굴이 무섭게 차가워졌다.

"이것 좀 누르고 있어."

도착을 알리는 종이 울리자, 기획이사가 열림 버튼을 가리켰다. 신은 열림 버튼을 누르고 문이 열린 엘리베이터를 멈춰 세웠다.

"2팀하고 3팀의 차이를 알려줄까? 자네 2팀은 식물이야. 물을 주고 빛을 주는 만큼 자라지. 반면에 3팀은 동물이야. 그 녀석들은 가끔 꼴통 같은 짓도 하고 어디로 튈지 모르지만, 에너지가 넘쳐. 기대를 갖게 한단 말이야. 이번 기회에 원팀장하고 일하면서 한 수 배워."

기획이사는 재킷을 가다듬고 밖으로 나갔다.

"뭐하나? 손 떼."

신이 열림 버튼에서 손을 떼자 엘리베이터 문이 스르륵 닫혔다. 반짝이는 엘리베이터 문에 일그러진 신의 얼굴이 비쳤다.

"RV 관련 파일 모두 암호 걸어놔!"

신의 목소리가 12층 전체에 쩌렁쩌렁 울려 퍼졌다. 기획팀들은 12층에서 함께 사무실을 쓰고 있었다. 모든 직원들이 멀뚱히 신을 쳐다보았다. 평소 얼음 같기만 한 신의 흥분한 모습을 보기란 쉬운 일이 아니었기 때문이었다. 사무실엔 적막한 기운이 감돌았다.

'기획이사 당신 뜻대로 될 것 같아? 어림도 없어!'

신은 이를 갈며 기획3팀 쪽으로 고개를 돌렸다. 3팀 파티션 밖으로 덩치가 산만 한 원팀장이 불쑥 올라왔다. 신은 상기된 얼굴로 그를 노려보았다.

원팀장은 신의 4년차 선배였다. 동시에 대학 선배이기도 했다. 신은 원팀장을 볼 때마다 인생이 불공평하다고 생각했다. 원팀장은 대학 축구팀의 골키퍼였다. 신이 세상에 당하지 않기 위해 치열하게 공부하고 들어간 명문대를 원팀장은 볼을 차고 들어갔다. 더 억울한 일은 기획력이 빵점인 원팀장이 자신보다 성과가 좋다는 데 있었다. 어쨌든 기획이사가 3팀을 챙기는 것을 보면 원팀장 역시 큰 백이사 라인이 분명했다.

신은 회의실로 팀원들을 불러 모았다.

"앞으로 RV-프로젝트에 관한 보고서는 팀 밖으로 오픈하지 말도록."

"이사님한테도요?"

"내가 책임질 테니 시키는 대로만 해. 그리고… 3팀 쪽하고는 앞으로 말도 섞지 말고."

신의 말에 팀원들이 얼어붙었다. 그들 역시 낌새를 채고 있었다. 왕자의 전쟁이 끝나면 2팀과 3팀 중 하나만 살아남으리라는 것을. 그리고 이제 자신들 역시 전쟁에서 자유롭지 못하다는 사실을. 서로의 눈치를 살피던 팀원들이 이내 출전을 앞둔 병사들처럼 고개를 끄덕였다. 그러나 한 사람은 예외였다. 막내 영란이 입을 열었다.

"어떻게 같은 층을 쓰면서 인사도 안 하고 지내요. 3팀도 다 좋은 사람들인데요. 안 그래요?"

대꾸할 가치가 없다는 듯 신은 영란의 말을 무시했다. 울상이 된 영란이 다른 팀원을 둘러보았다. 하지만 돌아오는 건 냉담한 눈빛들이었다.

회의실을 빠져나가면서 팀원들이 약속이나 한 듯 슬쩍 신을 쳐다보는 눈길이 여실히 느껴졌다. 신은 그 눈빛의 뜻을 직감했다.

'당신이 과연 우리가 믿고 따를 만한 수장인가?'

팀원들에게 평가받는다고 생각하니 섬뜩한 기분이 들었다. 팀장이 되고 나서 깨달은 한 가지는, 상사의 비판보다도 아랫사람들의 평가가 더 아프다는 사실이었다.

'나약해지면 안 돼. 강하고 완전무결해야 돼. 정신을 바짝 차려야 해.'

회의실에 홀로 남은 신은 눈을 감았다. 얼마 뒤 누군가 살며시 들어와 테이블에 뭔가를 내려놓고, 조용히 밖으로 빠져나갔다.

눈을 뜨자 작은 상자가 보였다. 조이사의 소포였다. 신은 상자를 열었다. 그 안엔 종이로 접어 만든 고양이 한 마리가 들어 있었다. 종이를 펴자 짧은 문구 하나가 먼저 눈에 들어왔다.

> 인간은 사회적 동물이다.
> ─ 아리스토텔레스

그 아래 두 번째 친구의 이름이 씌어 있었다.

두 번째 친구

따뜻한 햇살 아래 기획2팀원들이 게임 박람회장 앞으로 속속 모여들었다. 어린이 게임시장의 동향을 파악할 수 있는 좋은 기회였기에 모두가 군말 없이 선뜻 토요일 오후를 반납한 참이었다.

어찌 됐든 토요일이라 다행이었다. 회사에서라면 도저히 조이사가 '요약 정리' 해준 문구를 실행할 자신이 없었다. 신은 팀원들을 유심히 관찰하다가 서윤경의 구두를 보고는 어렵게 말을 꺼냈다.

"구, 구두가 참 예쁘군."

"네?"

서윤경이 깜짝 놀라 신을 쳐다보았다. 마치 스크루지에게 팁을 받은 신문팔이 소년 같은 얼굴이었다. 신이 쑥스러운 듯 입술을 만지작거렸다. 서윤경의 구두코가 하늘을 향해 올라갔다. 얼굴을 보니 구두코만큼이나 기분이 좋아 보였다.

"다들 잘 골랐다고 하더라고요. 팀장님, 혹시 구정 때 들어온 구두상품권 안 쓰셨으면 내일 매장에 나가보세요. 세일 마지막 날이니까. G제화는 1년에 한 번만 세일하거든요."

깐깐하기로 소문난 서윤경이 칭찬에 반응을 보이자 신은 당황스러웠다. 게임 시작부터 사람을 상상하라는 조이사의 잽을 한 대 맞은 것 같았다.

"저기 영란씨 오네요."

서윤경의 손끝이 광장으로 향했다. 영란이 허둥지둥 뛰어오고 있었다. 작은 머리 위엔 챙이 넓은 하얀 모자가 들썩거렸다.

"죄송해요. 제가 제일 늦었네요."

영란은 커다란 숄더백을 바닥에 털썩 내려놓고, 생수와 초코바를 꺼냈다.

"박람회장 다 둘러보려면 힘드실 거예요. 하나씩 챙기세요."

"하하, 역시 영란씨밖에 없다니까. 싸랑해."

김대리가 넉살을 떨며 영란이 건네주는 간식을 넙죽 받았다. 서윤경과 신도 기분 좋게 생수와 초코바를 받았다. 하지만 한 사람은 기분이 좋지 않아 보였다.

"아, 초콜릿은 별로. 나도 요즘 속이 안 좋아서."

야구모자를 푹 눌러쓴 오탁이 팔짱을 낀 채 말했다. 아마 지난번 영란에게 커피타임을 제안했다가 거절당한 것을 속에 담고 있는 것 같았다. 영란이 웃으며 생수를 건네자, 오탁은 보란 듯이 자기 배낭가방에서 물을 꺼내 마셨다. 정말 알다가도 모를 사람이었다. 그가 바로 두 번째 리포트의 주인공이었다.

신은 팀을 2개 조로 나누었다. 영란, 서윤경, 김대리가 한 팀이고, 신은 오탁과 한 팀이었다.

신과 오탁은 한 시간 동안 함께 부스를 돌았다. 둘 사이에 대화는 한마디도 오가지 않았다. 오탁은 귀에 커다란 헤드폰을 쓴 채 게임 팸플릿을 열심히 모으며 다녔고, 신은 그 뒤를 따라다니는 꼴이었다. 신은 오탁의 뒷통수를 보며 조이사가 보낸 고양이를 떠올렸다. 물론 우연이겠지만, 신에게는 기막힌 상징으로 다가왔다. 고양이야말로 오탁과 딱 맞는 동물이었다. 어딘지 묘하고, 속을 알 수 없고, 마음을 주지 않는 동물. 생각할수록 고양이와 오탁은 정말 비슷한 구석이 많았다.

오탁은 원래 기획3팀 소속이었다. 팀워크를 강조하는 기획3팀과 오탁은 전혀 맞지 않았다. 3팀원들은 특유의 오지랖으로 그를 감싸 안으려고 노력했지만, 오탁은 고양이처럼 그들 주위를 맴돌 뿐 안으로 들어가지는 않았다. 3팀원들은 점점 그에게 지쳐갔다.

그들에게도 다른 할 일이 많았다. 오탁은 어느새 공공연하게 '왕따'로 불렸다. 짓궂은 사원들은 그가 언제 회사를 그만둘지 내기를 할 정도였다. 하지만 오탁의 운명엔 반전이 숨어 있었다.

당시 2팀의 팀장으로 승진한 신은 오탁의 진가를 알아챘다. 2·3팀과의 공동회의 때마다 음침하게 구석을 지키던 오탁은, 가끔씩 번뜩이는 아이디어를 제시하곤 했다. 회의 참석자들은 황당한 기획이라며 오탁의 제안을 무시했지만 신의 생각은 달랐다. 그의 아이디어는 종종 뒤통수를 때리는 묘한 울림이 있었다. '자신만의 세계'를 가지고 있는 사람만이 생각할 수 있는 아이디어들이었다. 신은 오탁을 기획2팀으로 불러들였다. 기획3팀 누구도 오탁을 잡지 않았기에 일이 쉽게 풀릴 수 있었다. 3팀 쪽에서는 오히려 후련해하는 눈치였다.

2팀으로 자리를 옮긴 오탁은 한동안 들떠 보였다. 선택받았다는 사실에 자부심을 느끼는 것 같았다. 그때 오탁이 자신만만하게 제출한 기획이 '괴물 인형 시리즈'였다. 그는 이것이 입사 전부터 준비하고 아껴둔 자신의 히든카드라고 말했다. 신도 오탁의 기획안이 마음에 들었다. 구체적으로 설명하긴 힘들지만 거기엔 아이들의 어두운 면을 건드리는 무언가가 있었다. 하지만 바로 그 이유로 괴물 인형 시리즈는 제작 여부를 결정하는 전체회의를 통과하지 못했다. 지나치게 괴기스럽고 왠지 기분이 나

빠진다는 의견이 대체적이었다. 특히 '아이들은 원색을 좋아한다'는 고정관념을 가진 기획이사의 반대가 심했다. 신은 괴물 인형 시리즈에 코믹 요소를 가미해 다시 기획안을 제출해보라고 했지만, 오탁은 작품을 망칠 수 없다며 완강히 거부했다. 결국 괴물 인형 시리즈는 흐지부지되고 말았고, 그사이 신의 RV-프로젝트는 전 회사 차원의 대형 프로젝트로 자리 잡아갔다.

신은 감각이 좋은 오탁이 RV-프로젝트에 신선한 요소를 불어넣어주기를 기대했다. 그런데 오탁은 갑자기 열정이 꺼져버렸는지 무기력해지고, 냉소적으로 굴고, 빈정대기 시작했다. 아이디어 회의 때도 숙제처럼 억지로 짜낸 아이템들만 내놓았고, 때로는 노골적인 카피 상품을 버젓이 기획안으로 올리기도 했다. 어느새 그는 3팀에 있을 때보다 더 음침하고 묘한 사람이 되어버렸다. 그는 2팀에서도 겉돌았다.

"오대리, 오대리!"

오탁은 여전히 헤드폰을 쓴 채 제 갈 길만 가고 있었다. "당장 헤드폰 벗어!"라고 소리치고 싶었지만 신은 꾹 참았다.

'지금 난 게임 속에 들어와 있는 거야. 여기서 나는 두 가지 미션을 반드시 수행해야만 해.'

미션 ① 오탁을 친구로 만들 것
미션 ② 사람을 상상할 것

신은 게임 매뉴얼을 보듯 수첩을 꺼내, 며칠 동안 계속 읽고 또 읽었던 글을 다시 한 번 보았다.

관심, 먼저 다가가기, 공감, 진실한 칭찬, 웃음

공감? 순간 오탁의 귀를 감싼 헤드폰이 더 크게 눈에 들어왔다. 신은 부드럽게 그의 어깨를 두드렸다.
"무슨 음악인데 아까부터 그렇게 열심히 듣는 거지?"
"맨슨입니다. 혹시 마를린 맨슨 아십니까?"
음악 얘기를 꺼내자 오탁이 처음으로 반응을 보였다. 하지만 안타깝게도 신은 마를린 맨슨이라는 가수를 알지 못했다.
"글쎄, 난 특별히 좋아하는 장르가 없어서. 사실 음악 쪽엔 문외한이거든. 학창시절에 가끔씩 듣던 라디오가 전부지."
"아, 댄스, 발라드…."
오탁이 피식 웃으며 다시 헤드폰으로 귀를 막았다.
신은 이제야 헤드폰의 정체를 알 것 같았다. 그것은 음악 감상 도구일 뿐만 아니라, 세상을 차단하는 훌륭한 귀마개였다. 오탁은 모자를 깊게 눌러쓴 채 다음 부스를 향해 걸어갔다. 신은 조금씩 지쳐갔다. 그와 함께 있는 것만으로도 도를 닦는 심정이었다.

오탁이 멈춘 곳은 밀리터리 게임 부스 앞이었다. 밀리터리룩을 입은 도우미가 관람객들에게 팸플릿을 나눠주고 있었다. 줄이 꽤 길었지만 오탁은 게임 시연을 하기 위해 줄을 섰다. 게임을 하려면 30분은 족히 걸릴 것 같았다. 하지만 오탁에겐 중요하지 않은 것 같았다. 30분을 기다리든 한 시간을 기다리든, 신이 옆에 있건 없건 간에.

'정말 남 생각이라곤 눈곱만치도 안 하는군!'

신은 한숨을 내쉬고는 오탁의 등 뒤에 섰다. 관람객들은 대형 스크린으로 펼쳐지는 게임에 몰두해 있었지만, 신은 별다른 재미를 느끼지 못했다. 신에게는 오늘 하루 자체가 게임이었기 때문이다. 신은 서서히 체력 게이지가 내려가는 것을 느꼈다. 반대로 스트레스 게이지는 급격하게 올라갔다. 게임 부스를 지나던 한 청년이 오탁에게 다가와 반갑게 아는 체를 한 건 그때였다.

"도토르 형!"

옷차림이 오탁과 비슷했다. 청년도 배낭을 메고, 야구모자를 쓰고, 귀에 헤드폰을 쓰고 있었다. 그것은 마치 어떤 세계의 유니폼 같았다.

"아! 빅뱅천사, 언제 왔어?"

오탁의 얼굴에서 어느새 그늘이 사라져 있었다. 회사에서는 본 적이 없는 환한 얼굴이었다. 오탁은 헤드폰을 벗더니, 아예 가방 속으로 집어넣었다. 그러자 청년도 헤드폰을 가방에 넣었다. 마치 UFO로 귀환한 두 외계인이 동시에 헬멧을 벗는 것처럼 보였다. 청년이 턱으로 신을 힐끔 가리켰다. 오탁은 뒤돌아 신을 보더니 짧은 탄성을 질렀다.

"팀장님, 아직도 여기 계셨습니까?"

신은 속이 부글부글 끓었지만 마음속으로 '참을 인(忍)' 자를 그리고 또 그렸다.

청년은 신에게 눈인사를 하더니 오탁 옆에 붙어 섰다. 더 이상의 인사도 소개도 없었다. 두 사람은 웃으며 이야기를 나눴는데, 도대체 무슨 소리들을 하는지 알아들을 수가 없었다. 오탁은 물 만난 물고기 같기도 하고, 물고기를 입에 문 고양이 같기도 했다. 그는 정말 즐거워하고 있었다.

장장 한 시간 동안 두 사람을 따라다녔지만, 그들은 신에게 말 한마디 걸지 않았다. 어느새 신은 투명인간이 되어 있었다. 오늘은 오탁이 아니라 신이 주위를 맴돌아야 했다. 맴도는 것, 그것은 청승맞고, 황량하고, 뭐라 표현하기 힘든, 지독하게 외로운 일이었다.

'오탁도 매일 이런 기분이었을까?'

회사에서는 좀처럼 볼 수 없는 오탁의 환한 모습을 보며 문득 그런 의문이 들었다. 만약 그렇다면 오탁의 회사생활 역시 그처럼 지옥이지 않았을까? 그렇게 생각하는 순간, 오탁이 조금은 다르게 보이는 듯했다. 조이사의 말처럼 사람을 상상하는 순간, 이전까지 보이지 않았던 오탁의 외로움이 보이는 느낌이었다.

그러나 오탁에 대해 조금씩 자라나던 관심은 얼마 못 가 흐지부지 시들고 말았다.

"오늘 근처 호프집에서 번개 하기로 했으니까 7시까지 출입구에서 기다려요. 다들 박람회 얘기 하고 싶어서 입이 근질근질한가 봐요."

"접수했으니까 걱정 마. 7시까지 갈게."

잠결에 무언가 후다닥 지나가는 느낌이었다. 청년이 사라지자 신은 오탁을 불러 세웠다.

"방금 무슨 소리야? 내가 오늘 저녁에 우리 팀 회식 한다고 말하지 않았어?"

오탁은 생선을 훔쳐 먹고 시치미를 떼는 고양이처럼 눈동자를 45도 위로 굴렸다.

"네? 전 못 들었는데요?"

울화통이 터졌다. 신은 다시 '참을 인'을 마음에 그리고 또 그리며, 조이사의 미션을 되새겼다. 사람을 상상하라. 하지만 치솟는 불길은 쉽게 사그라지지 않았다. 이런 상황에서도 상대방의 입장을 헤아려줘야 한다는 게 고문처럼 느껴졌다.

신은 게임을 종료하려 했다. 마법사는 괴물을 이기는 다섯 가지 물약을 줬지만 오탁에게는 무용지물이었다. 이번 스테이지에선 내가 아니라 조이사가 졌어, 하고 생각한 찰나였다.

"팀장님, 할 말이 있습니다."

고양이가 다가왔다.

박람회 건물 옥상에서는 일일 야외 카페가 열리고 있었다. 오탁은 테이블에 앉아 커피를 홀짝이며 유심히 건물 아래를 내다보았다. 난간 사이로 이벤트 공연장의 무대가 눈에 들어왔다. 리허설 중이었지만 관람객들은 벌써 자리를 차지하고 있었다.

"아, 장관이네요. 붕어처럼 입만 뻐끔대는 가수 얼굴 보려고 개떼처럼 모여 있는 것 좀 보세요. 이 나라 문화가 딱 저 수준이라니까."

오탁의 말은 마치 조물주가 미개한 인간을 내려다보는 듯한 어투였다. 그는 뭐든지 이렇게 높은 데서 내려다보는 것을 좋아했다. 대신 가까운 것은 제대로 보지 않았다. 오탁은 내내 신과 눈을 마주치려 하지 않았다.

"아까 그 친구는 누구지?"

"아, 게임 동호회 회원입니다."

"꽤 친한 것 같던데, 가입한 지 오래됐나 봐?"

"한 3개월 됐습니다."

3개월? 신은 자신의 귀를 의심했다. 오탁 같은 사람이 3개월 만에 다른 사람과 그 정도로 친숙해질 수 있다? 신이 오탁을 알고 지낸 지는 3년이 넘었다. 물리적 시간으로 따진다면, 지난 3년 동안 신은 오탁의 가족보다 더 많은 시간을 그와 함께했다. 하지만 신이 오탁에 대해 아는 것은 아무것도 없었다. 오히려 불과 3개월 전에 만난 청년이 오탁과 훨씬 친밀해 보였다. 신에게 인간 사이의 관계란 것이 미궁으로 다가왔다.

신은 어떻게든 오탁을 이해하고 싶었다. 두 번째 리포트를 완성하고 싶었다. 아니, 반드시 그 이유만은 아니었다. 신의 마음속에서는 조금씩 오탁에 대한, 인간에 대한 관심이 자라고 있었다.

"혹시 그동안 서운한 게 있었다면 말해주지 않겠어?"

난간 아래를 내려다보던 오탁이 천천히 고개를 들었다.

"신팀장님."

"그래. 말해봐."

"절 동정하시는 겁니까?"

말문이 막혔다. 신은 오탁의 정신세계를 영원히 이해하지 못하리라고 확신했다. 이벤트 공연장에서 전자악기를 조율하는 소리가 들려왔다.

"신팀장님."

오탁이 또 신을 불렀다. 신은 대꾸하기조차 피곤해 대답 대신 커피를 마셨다.

"혹시, 영란씨하고 사귀십니까?"

너무도 어처구니없는 소리라 신은 한겨울 쇠붙이에 혀가 달라붙은 것처럼 커피잔에 입술을 댄 채 가만히 있었다.

"아, 지난주에 영란씨하고 같이 퇴근하시는 것 같아서요."

"하고 싶은 말이 그거였어?"

"아, 아니요. 그건 아니고…."

오탁의 얼굴이 붉어졌다. 오탁은 허둥지둥 가방을 뒤적이더니 봉투 하나를 꺼내 테이블 위에 올려놨다.

"오래전부터 미국 유학을 준비해왔습니다. 그림을 다시 배우고 싶어서요. 뭐, 이런 이야기 꺼낼 만한 자리는 아니지만, 갑자기 유학길이 열리는 바람에…."

봉투 위에는 사직서라는 세 글자가 큼지막하게 적혀 있었다. 이번에야말로 제대로 뒤통수를 맞은 기분이었다. 하지만 난데없는 뒤통수는 아니었다. 그러고 보면 오탁은 늘 떠날 사람처럼 행동했다. 그는 원더랜드 어디에도 뿌리를 내린 적이 없었다. 그는 주인인 적이 없었다. 언제나 손님이었다. 신은 마음을 가다듬었다.

"자네 그림 솜씨를 기획실에서 썩히기는 아깝긴 하지. 그래도 다시 한 번 생각해줄 수 없어? 최소한 RV-프로젝트가 끝난 후에…."

펑! 펑! 맑은 하늘에 폭죽 두 방이 터졌다. 뱀처럼 허공에 늘어진 연기가 바람에 흩어져 사라질 때, 오탁의 목소리가 들릴락 말락 들려왔다.

"저 없이도 다들 잘해낼 겁니다. 계속 그래왔잖아요. 저 없이…."

무척 쓸쓸한 목소리였다. 신에게 이별은 언제나 갑작스러웠다.

'만약 내가 오탁에게 관심을 가졌더라면….'

이벤트 공연장에서 함성이 터져 나왔다. 아이돌 가수가 나왔는지 여학생들이 비명을 지르고 있었다. 무대 양쪽에서 불꽃 기둥이 피어오르고 강렬한 일렉트릭기타 음과 함께 노래가 시작됐다. 오탁은 붕어처럼 입만 뻐금댈 거라고 했지만 라이브 공연이었다.

청산가리와 돈가방

요양원 언덕을 오르던 신은 잠시 걸음을 멈췄다. 파란 하늘, 푸른 언덕, 등나무와 테이블, 그리고 신문을 읽고 있는 노인… 누군가가 '일요일 오후 2시'를 형상화하기 위해 세팅해놓은 것만 같은 아름다운 풍경이었다.

신이 다가가자 신문을 읽고 있던 조이사가 돋보기안경을 벗었다.

"신문 읽어봤나? 일본에서 한 영업직원이 독극물이 든 커피를 직장상사에게 줬다는군."

언덕의 풍경은 아름다운 그림엽서 같았지만, 대화 내용은 그리 아름답지 않았다. 조이사는 신의 에스프레소잔에 커피를 따라주었다. 신은 천천히 잔을 들어 슬쩍 커피 색깔을 확인했다.

"걱정 말게. 청산가리는 아니니까. 우리 때는 침만 뱉고 말았는데."

"정말이지 좋은 커피 맛을 다 망쳐놓는군요!"

신은 쓴 약을 들이켜듯 커피를 한입에 털어 넣었다. 조이사는 의뭉스레 어깨를 으쓱했다.

"아마 이 일본인도 애초부터 그럴 작정은 아니었을 거야. 처음엔 기껏 커피에 침이나 뱉어서 화풀이를 했겠지. 하지만 갈수록 그것만으로는 화를 참는 게 어려워졌을 거야. 그래서 독극물을 구했겠지. 아니, 어쩌면 독극물의 병뚜껑을 딸 생각은 없지 않았을까. 직장인들이 사표를 서랍 속에 넣어두는 것처럼, 그도 그냥 병을 보관만 해두었을지 몰라. 일종의 상징적인 복수로 말일세. 하지만 그날은 일진이 좋지 않았겠지. 말 그대로 뚜껑이 열려버렸고, 결국 열어선 안 될 뚜껑까지 열어버린 것이겠지."

"결론은, 화가 나도 참으란 말씀인가요?"

"쓸데없이 적을 만들지 말라는 소릴세. 현대인들은 불필요한 적들을 너무 많이 만들고 있어. 단 1분만 상대방에 대해 상상해본다면 적을 만들지 않아도 될 텐데 그 조금의 노력도 하지 않지. 오히려 짜증 내고, 비판하고, 상처 주기에 바쁘지. 그래서 결국…."

"청산가리가 든 커피를 마시게 된다?"

딱. 조이사가 OK 사인을 하듯 손가락을 튕겼다.

"미 해군에서 대학과 공동으로 인간 본성에 관한 여러 가지 실험을 한 적이 있네. 보고서의 결론이 무엇인지 아는가? 바로 인간이란 비판을 당하면 어떤 식으로든 화풀이를 하는 존재라는 것일세. 자네가 누군가를 아프게 한다면 결국 어떤 식으로든 돌아오게 되어 있어."

순간, 팀원들의 얼굴이 떠올랐다.

"부하직원들은 어떤 식으로 화풀이를 합니까?"

"대표적인 것이 태업(怠業)이지. 만약 자네가 그들에게 상처를 입히면, 그들은 업무에 최선을 다하지 않을 걸세."

"하지만 그것은 서로가 지는 게임 아닙니까. 자신에게도 피해가 가는데 'lose-lose' 전략을 택할 바보가 어딨겠습니까?"

조이사는 고개를 저었다.

"인간이란 그런 존재야. 사회에서 벌어지는 수많은 소액 소송들을 한번 생각해보게나. 어떤 이들은 10만 원도 안 되는 금액 때문에 소송을 걸지. 각종 인지 대금과 1년 동안 법원을 들락거려야 하는 비용을 따진다면 승패에 관계없이 손해 보는 짓이지. 하지만 인간은 얼마든지 그런 손해를 감수하네."

"뭣 때문에 손해 보는 장사를 한다는 겁니까?"

"자네한테만 이것이 있는 게 아니니까."

조이사가 손가락으로 신의 심장을 가리켰다.

"인간을 움직이는 것은 마음이고, 마음의 심장은 바로 자존심이네. 자존심을 위해서라면 무슨 짓이든 하는 존재가 인간이지. 한번 생각해보게나. 자네가 그토록 성공에 집착하는 이유는 무언가? 돈을 벌기 위해서인가, 아니면 자신의 가치를 입증하기 위해서인가?"

신은 아무런 대답도 하지 못했다. 신은 돈을 무척 좋아했지만, 꼭 그것 때문에 성공하고 싶은 건 아니었다.

"물은 위에서 아래로 흐르지. 인간도 본능적으로 자신을 인정해주는 곳으로 가려는 습성을 가지고 있네. 직장에서 인정받지 못하는 샐러리맨은 다른 직장을 알아보고, 학교에서 인정받지 못하는 아이는 하교 시간만 기다리고, 친구들에게 인정받지 못하는 사람은 이런저런 모임을 기웃거리지. 인간은 자신의 가치를 인정받을 때 최대의 기쁨을 얻네. 그 욕구는 돈의 힘보다 훨씬 강해. 오죽하면 '나를 알아주는 사람을 위해 목숨을 건다'라는 말이 나왔겠나."

조이사는 은쟁반 위에 놓인 코코넛 과자를 한 입 베어 먹었다.

"어느 학교에서 아이들을 대상으로 실험을 한 적이 있네. A그룹은 평소 하던 대로 교육을 시켰고, B그룹은 칭찬을 통해 아이들의 자존심을 고양시켰네. B그룹의 아이들에게는 '넌 정말 머리가 좋아', '넌 대단한 아이야', '넌 마음만 먹으면 무엇이든 될 수 있어' 하고 끊임없이 자긍심을 심어줬네. 한 달 뒤에 두 그룹은 똑같은 문제로 시험을 봤지. 결과는? 두말할 것도 없이 B그룹의 점수가 훨씬 높게 나왔네. 교육 내용은 똑같았지만 교사의 태도가 아이들을 바꿔놨던 것일세. 자네도 그렇게 할 수 있어."

신은 자신의 직장생활을 상상해보았다. 부드럽게 웃으며 누군가를 칭찬하는 스스로를 그려보았다. 그것은 그동안의 자신과는 너무나 다른 모습이었다. 신은 문득 오탁을 떠올렸다. 자신이 그에게 조금이라도 더 칭찬하고 격려했으면 달리 생각했을까? 알 수 없는 일이었다.

"하지만 좋은 말만 할 수 없는 곳이 직장입니다. 잘못한 직원을 칭찬해줄 수는 없지 않습니까?"

"허허, 쌓인 게 꽤 많나 보구먼. 하지만 그런 자세로는 협력자를 만들 수 없어. 꼭대기에 오르고 싶으면 그들마저 껴안아줘야 하네. 사람과의 갈등을 피하라는 소리가 아니네. 오히려 싸워야 할 때 싸우지 않아서 문제가 되는 경우가 더 많지. 행복해지고 싶다면 원하는 걸 요구하게. 서운했던 일을 말하게. 내키지 않는 일은 거절하게. 나쁜 의견에는 반대하게. 어른이라면 갈등이 불편해도 피해선 안 되지. 그건 겁쟁이나 하는 짓이니까."

"오랜만에 저와 마음이 맞는군요. 하지만 지난주 이 자리에서는 갈등이 나쁘다고 하지 않으셨나요?"

"나쁜 갈등은 나쁜 거고, 좋은 갈등은 좋은 거지. 우리는 갈등을 피할 순 없지만 **잘** 갈등할 수는 있네. 부부가 헤어지는 이유는 싸움을 자주 해서가 아니야. 잘 싸우지 못해서지. 가사 분담 문제로 싸우고 있는데 뜬금없이 배우자의 집안 문제를 얘기하고 콤플렉스를 건드려 화를 키우지. 회의 시간을 일례로 들면, 누군가의 아이디어를 1초의 망설임도 없이 반대하는 사람들이 있네. 진지하게 생각해보고 찬반을 결정할 수 있는데도 그 쉬운 걸 안 하는 거야. 상대방의 노력을 상상하지 못하고, 상대방이 느낄 굴욕감을 상상하지 못하기 때문에 적을 만드는 거지."

적이라는 말을 듣자 신은 기획이사를 떠올렸다. 아무리 기획이사를 상상한다 한들, 큰 백이사의 줄을 잡고 있고, 노골적으로 원팀장을 편애하는 기획이사를 신은 이해하지 못할 것 같았다. 기획이사는 명백한 신의 적이었다.

"그렇지만…."

조이사는 신의 반응을 짐작한다는 듯 손을 흔들었다.

"인생은 참 오묘해서 적이라고 여겼던 사람과 화합하게 될 때가 오기도 하네. 마음을 넓게 가지면 생각지 못한 문들이 열리네. 젊었을 땐 인생이 쌀로 밥을 짓는 것이라 여겨지지만, 나이가 들면 쌀로 술을 빚었다는 걸 알게 되지."

조이사는 나무젓가락 같은 다리를 꼬고 리포트를 읽기 시작했다. 대꾸할 기회를 놓친 신은 은쟁반 밑에 깔린 신문을 꺼내 들었다. 그리고 신문을 넘기다가 이상한 점을 발견했다.

"일본에서 벌어진 독극물 사건 기사는 어느 면에 있나요?"

"그 신문에는 없네. 8년 전에 일어난 사건이니까. 8년 전이라고 말하면 왠지 이야기의 박력이 떨어질 것 같아서 트릭을 썼지."

"절 잘도 속이셨군요."

"허허, 진짜 속임수는 따로 있다네."

조이사가 웃으며 리포트의 마지막 장을 신에게 들어 보였다. 마지막 장 여백에는 신이 테이프로 고정해놓은 100유로 지폐가 패배의 표시로 붙어 있었다. 조이사가 적어준 문구는 분명 효과가 있었다. 조이사는 리포트에 붙어 있는 100유로 지폐를 떼어내 카디건 호주머니에 집어넣고 배부른 아이처럼 호주머니를 어루만졌다.

"자네는 나한테 진 게 아니라 세상의 이치에 진 거야."

"제가 왜 세상의 이치에 졌다는 겁니까?"

신이 내기에서 진 화풀이를 하듯 투덜거리며 말했다. 조이사는 홍차의 향을 음미하며 느긋하게 차를 마셨다. 그리고 이야기 한 토막을 들려주었다.

독일의 한 라디오 방송국에서 거액의 상금을 걸고 다음과 같은 흥미로운 공모전을 실시했다.

'만약 당신에게 10만 유로가 생긴다면 얼마나 멋지게 돈을 쓸 것인가?'

방송국은 청취자 투표에서 가장 많은 득표를 한 사람에게 실제로 10만 유로를 지급하겠다고 공표했다. 공모가 시작되자 각양각색의 글들이 방송사로 쏟아졌다.

상금을 받으면 우주여행을 하겠다, 무인도를 사서 1년 동안 로빈슨 크루소가 되겠다, 프러포즈 광고를 만들어서 TV에 방송하겠다, 속옷 박물관을 만들겠다 등등, 아이부터 주부, 할아버지, 교사 가릴 것 없이 다양한 계층이 응모에 참여했다. 공모는 성황리에 마감되었고, 과연 누가 거액의 상금을 거머쥘 것인가에 귀추가 주목됐다.

그런데 당선자는 아이디어가 넘치는 젊은이도, 지식이 풍부한 대학 교수도 아니었다. 수많은 응모자들을 제치고 상금을 차지한 주인공은 마르코 힐게르트라는 이름의 머리가 희끗한 트럭 운전사였다. 과연 그의 아이디어는 무엇이었을까?

"상금의 4분의 3인 7만 5,000유로를, 나를 뽑아준 독일 시민들을 위해 하늘에서 뿌리겠다."

2007년 1월 26일, 마르코는 약속대로 카이제르슬라우테른이란 마을의 광장에서 기중기에 올라탄 채 7만 5,000유로를 광장에 모여든 군중을 향해 뿌렸다.

조이사의 설명에 신은 무릎을 쳤다.
"게임의 룰을 완벽하게 파악하다니, 그 사람 천재군요!"
"트럭 운전사가 공모전에 당선된 이유를 알겠는가?"
신은 자신이 상금을 받은 것처럼 흥분된 어조로 말했다.
"게임의 승패를 결정한 것은 기발한 아이디어가 아니었습니다. 트럭 운전사는 게임의 결정자가 청취자라는 게임의 본질을 파악하고 그들에게 상금의 4분의 3을 내놓았던 겁니다. 먼저 주었기 때문에 받을 수 있었던 거죠."
조이사가 흐뭇하게 웃으며 찻잔을 내려놓았다.
"자네는 공모전을 게임이라 말했네. 이제 그것을 게임이 아니라 이 세상이라고 생각해보게나."
"세상?"
신이 고개를 갸우뚱거렸다. 알 듯 모를 듯했다.
"트럭 운전사처럼 받고 싶으면 **먼저** 주어야 하네. 그것이 세상의 이치지. 하지만 안타깝게도 요즘은 다들 받을 것만 생각하고 있어. 사회가 물질이 최고라고 말하면서 오히려 삶은 팍팍하게 만드니 다들 경주마처럼 시야가 좁아져서 눈앞의 당근만 생각하고 있지. 반면에 협상 전문가들은 거꾸로 생각한다네. 자신이 가지고 있는 게 뭔지를 항상 먼저 생각하지. 줄 것을 먼저 생각하기에 협상에 성공하는 거야. **주어야 받는다**는 건 인간관계의 기본적인 룰이네. 그런데 이 법칙은 물질에만 국한되지 않아. 좋은 태도와 좋은 감정 역시 먼저 주어야 하는 거라네. 관계란 자신이 한 만큼 돌아오는 것이네. 먼저 관심을 가져주고, 먼저 다가가고, 먼저 공감하고, 먼저 칭찬하고, 먼저 웃으면, 그 따뜻한 것들이 나에게 돌아오지."

신은 수첩을 꺼내 조이사가 적어준 다섯 가지 문구를 확인했다.

관심, 먼저 다가가기, 공감, 진실한 칭찬, 웃음

수첩을 들여다보자, 세상의 이치에 졌다는 조이사의 말을 인정하지 않을 수 없었다. 다섯 가지 문구는 큰 비밀이 아니었다. '내가 좋아하는 것을 남도 좋아한다'는 조이사의 말 그대로였다. 다섯 가지 문구는 누구나 좋아할 수밖에 없는, 인간의 유전자에 각인된 본성이었던 것이다.

"자네가 준 100유로를 내가 후원하고 있는 고아원에 기부해도 되겠나?"

"이사님이 딴 돈이니 마음대로 하십시오."

"그럼 자네 이름으로 기부하겠네. 나중에 복으로 돌아올 걸세. 뒤늦은 연애편지처럼 자네가 원하는 시간보다는 늦게 도착할지 모르지만, 어쨌든 선행은 복으로 돌아온다네. 참, 이번 내기에서는 한 가지 속임수가 더 있었네. '88올림픽 순금 기념주화 세트'는 나한테 없어. 금모으기 운동 때 은행에 다 팔았거든. 허허."

조이사의 웃음소리가 뻥 뚫린 가을 하늘 위로 메아리쳤다.

다시, 만남

"여기예요, 여기!"

영란이 패밀리레스토랑 앞에서 손을 흔들고 있었다. 영란은 지난번 밥을 사주겠다는 신의 약속을 잊지 않고, 퇴근 후 그를 이곳으로 이끌었다.

"후후, 각오되셨죠?"

"요즘은 밥 먹는 데 각오까지 필요한가 보지."

레스토랑에 들어선 신은 깜짝 놀라고 말았다. 홀에서 가장 큰 테이블에 영란의 또래로 보이는 여자들이 우르르 앉아 있었다.

"친구들이에요. 미리 말씀드리면 팀장님이 안 오실 것 같아서요. 화 안 나셨죠?"

신이 놀라 주춤거리자 영란이 신의 팔짱을 단단히 끼고는 거의 끌고 가다시피 그를 테이블로 데려갔다. 그러고는 옴짝달싹 못하게 가운데 자리에 앉히더니 옆에 나란히 앉았다. 영란의 친구들이 환호성을 질렀다. 사적인 모임에 익숙하지 않은 신은 어떻게 해야 할지 알 수가 없었다. 특히 여자들의 모임은 처음이었다.

"이분이 혹시 좀머 씨?"

일행 중 한 명이 신을 가리키며 물었다. 영란이 고개를 끄덕이자 친구들이 알겠다는 듯 "아하, 좀머 씨!" 하고 탄성을 내질렀다. 신은 그녀들의 말에 어리둥절했다.

"모르셨어요? 팀장님 별명?"

신은 자신에게 별명이 있으리라고는 꿈에도 생각지 못했다.

"파트리크 쥐스킨트가 쓴 《좀머 씨 이야기》라는 책 읽어보셨어요? 거기에 사람들을 싫어해서 혼자 오두막에서 살고, 우연히 동네 사람들을 만나도 인사 한번 안 받아주는 괴짜가 나오거든요. 그리고 누가 관심을 보이기라도 하면…."

"제발 날 좀 내버려둬!"

머리를 노랗게 염색한 영란의 친구가 외치자 친구들이 폭소를 터뜨렸다. '제발 날 좀 내버려둬!'라는 말을 듣자 신은 《좀머 씨 이야기》를 읽은 기억이 떠올랐다. 기억이 맞다면 그 책은 외롭게 죽어간 한 은둔자의 이야기였다.

신은 입을 꾹 다문 채 시계를 내려다봤다. 인내력을 발휘하면 15분 정도는 이 철없고 시끄러운 여자들을 참을 수 있을 것 같았다.

"하여튼 영란이는 운도 좋다니까. 졸업하자마자 회사에 척 들어가고, 같이 일하는 팀장님도 샤프하시고."

"그러고 보면 자기 얼굴 따라 일한다는 말이 맞다니까. 영란이 얼굴 봐. 초등학생 같으니까 장난감 회사에 들어갔잖아."

"야, 그렇게 말하면 건설회사에 다니는 나는 뭐가 되니?"

또 한바탕 폭소가 터졌다. 영란의 친구들은 정말 이것저것 말이 많았다. 연예인 이야기, 다이어트, 남자친구, 학창시절, 패션, 애완동물, 맛집… 온갖 이야기가 테이블 위를 오갔다. 그렇게 중구난방 돌고 돌던 화제는 취업과 직장 문제로 옮겨왔다.

"학교 다닐 때 교수님들은 맨날 적성에 맞는 일 하라고 하는데, 아니 등록금 땜에 빚만 잔뜩 진 사람이 어떻게 하고 싶은 일을 찾냐고요."

"난 이력서 100번 냈다는 얘기 다 뻥인 줄 알았는데 내가 그러고 있다니까."

"너희 투명인간 돼봤어? 6개월짜리 인턴은 사람도 아니다. 가구지."

"우리 팀장은 자기가 기억하고 싶은 것만 기억한다니까. 자기가 시켜놓고 문제 생기면 왜 내 멋대로 하냐는 거야."

"에고, 지저분한 사람 옆에서 일한 적 없으면 말을 마세요. 그 사람은 그게 털털한 매력인 줄 안다니까."

여기저기서 이야기가 터져 나오던 중에 노란 머리 아가씨가 신에게 물었다.

"신팀장님, 보기 싫은 직장동료가 자꾸 들이대면 어떻게 해야 해요?"

시계를 내려보고 있던 신은 고개를 들었다. 신은 머리색부터 바꾸라고 충고해주고 싶었지만, 꾹 참고 나름대로 성실하게 답해줬다.

"먼저 싫다는 표시를 상대방에게 확실하게 해야겠죠. 그래야 나중에 남자가 귀찮게 굴 때 상부에 보고할 명분이 생기니까요."

"회사에 일러바칠 생각까지는 없는데…."

의외로 순한 반응에 신은 답답한 마음이 들었다.

"고자질이 아니라 보고죠. 당하지 않으려면 항상 명분을 만드세요. 나한테 유리한 건 문자나 이메일로 확실하게 증거를 남기고, 불리한 건 두루뭉술 표현하세요. 내용증명서 쓰는 걸 무서워하지 마시고요. 화가 난다고 사표를 쓰는 건 지는 거예요. 몰아내고 싶은 관리자가 있으면, 아군을 모으고 명분을 만든 다음 때를 기다려요. 관리자는 연봉이 높은 대신 회사 매출이 떨어질 때는 오너의 화풀이 대상이자 희생양이 되기 때문에 타이밍만 잘 맞으면 숨통을 끊어놓을 수 있어요. 그리고 뭔가 말은 좋은데 본능적으로 아니다 싶은 제안을 받으면 일단 시간을 끄세요. 너무 중요한 문제라서 생각할 시간이 필요하다고요. 그리고 꼰대들을 절대 무시하지 마세요. 꼰대들은 교양도 없고 스마트폰도 제대로 쓸 줄 모르지만 이익을 취하는 데는 귀신들이니까. 여기 계신 분들처럼 노동력은 왕성하고 사회 경험은 없는 청년들이야말로 사회에서는 최적의 먹잇감이에요. 절대 아무도 믿지 마세요. 잡아먹히지 않으려면 언제나 정신을 바짝 차려야…."

여자들의 눈이 신에게 고정되어 있었다. 세상물정을 모르는 것 같아 몇 가지 팁을 알려준다는 것이 일장연설이 돼버리고 말았다.

"어머, 팀장님 엄청 피곤하게 사신다."

"사극 좋아하시나 봐요."

아무도 원하지 않은 대답을 한 것 치고는 그래도 양호한 반응이었다. 신은 시계를 확인했다.

"분위기 깨서 미안합니다. 저는 이만…."

그때였다. 갑자기 조명이 꺼지더니 스피커에서 귀청을 때리는 팡파르가 울려 퍼졌다. 생일 축하 노래였다. 종업원들이 촛불이 켜진 케이크를 들고 와 춤을 추기 시작했고, 영란의 친구들은 소리 지르며 박수를 쳤다. 영란이 큰 비밀이라도 발설하듯 귓속말을 했다.

"사실 오늘 제 생일이거든요."

신은 생일 축하 노래를 따라 부르는 영란의 친구들을 차근차근 바라보았다. 그러자 마음이 고장 난 듯 뭔가 뭉클한 것이 부풀어 오르기 시작했다.

부모님이 돌아가신 이후 신은 자신의 생일을 챙긴 적이 없었다. 축하해줄 사람도 없었고, 축하받고 싶을 만큼 기쁜 날도 아니었다. 그에겐 부모님의 제사 말고는 기념일이 없었다. 그날마저도 친척들과의 재산 분쟁으로 골이 깊어, 지금은 아무도 찾아오지 않는 쓸쓸한 행사가 되어 있었다.

친척들과의 관계가 완전히 끊어진 것은 신이 대학 졸업반 때였다. 웬일인지 큰아버지와 큰어머니가 아침부터 신의 집을 찾아왔다.

"졸업 축하주다. 한잔 받아라."

큰어머니가 푸짐하게 차린 상 앞에서 큰아버지가 술잔을 건넸다. 신은 무덤덤하게 소주를 마셨다. 하지만 아무리 마셔도 취하지 않았다. 신은 그들이 무언가를 원하고 있다는 것을 예감했고, 예감은 정확히 맞아떨어졌다. 신에게 마지막 남은 집을 담보로 대출을 받을 수 있게 도와달라는 것이었다. 신은 세상살이의 유치함에 코웃음이 나왔다.

"공장도 모자라 이젠 이 손바닥 만한 집까지 뺏어 가려는 겁니까?"

"배은망덕한 놈! 네가 누구 덕에 대학까지 갔는데."

"좋습니다. 보태주신 입학금은 돌려드리겠습니다. 대신 아버지 우산 공장 돌려주십시오."

"이 못된 놈!"

"우현아, 이러는 법은 없다. 우리가 그동안 널 얼마나 친가족처럼 대했는데."

큰어머니의 입에서 '가족'이라는 단어가 나왔을 때, 신은 처음으로 살의라는 것을 느꼈다. 그러나 신은 칼을 뽑는 대신 밥상을 뒤엎었다. 큰아버지와 큰어머니는 겁에 질려 황급히 사라졌다. 그리고 다시는 연락하지 않았다.

그날, 집에 혼자 남은 신은 깨져서 바닥에 흩어진 그릇들을 보았다. 어머니가 아끼던 그릇들이 산산이 조각나 있었다. 그날 이후로 신에게 관계란 깨진 그릇 같은 것이었다. 마음을 열어선 안 된다고, 관계란 언젠가는 깨지는 그릇과도 같은 것이라고 되뇌고 또 되뇌었다.

신은 물끄러미 자신의 눈앞에서 벌어지는 일들을 쳐다보았다. 영란이 촛불을 끄자 친구들이 폭죽을 터뜨렸다. 친구들의 시끌벅적하고 요란한 축하 메시지가 이어졌다. 신에게는 그 모든 것이 낯설었다. 신은 말없이 맥주를 마셨다.

"어머, 신팀장님. 혼자 마시면 어떡해요?"

선물을 뜯어보던 영란이 허공 위로 맥주잔을 들었다. 그러자 자석처럼 친구들의 잔이 모여들었다. 신은 한데 모인 맥주잔들을 보고, 영란을 보고, 친구들을 보았다. 신은 영란의 말을 떠올렸다.

"왜 만남을 좋아하지?"
"글쎄요. 아마… 행복해지기 위해서가 아닐까요?"

생일파티는 좀처럼 끝날 것 같지가 않았다. 맥주 피처들이 눈 깜짝할 사이에 동이 났고, 무슨 할 말이 그리 많은지 수다는 끊이지 않았다. 조용히 테이블을 빠져나온 신은 카운터로 가서 신용카드를 꺼냈다. 하지만 이미 계산은 끝난 상태였다.

"이럴 줄 알고 미리 계산해놨어요."

옆을 돌아보니 영란이 어느새 다가와 있었다.

"오늘은 내가 계산하기로 약속하지 않았나?"

"저희 그렇게 양심불량 아니거든요! 20만 원이 넘는 술값을 초대손님한테 뒤집어씌우게요."

영란은 신용카드를 신의 주머니에 억지로 쑤셔 넣더니, 친구들이 있는 테이블을 향해 소리쳤다.

"얘들아, 난 팀장님 바래다주고 올게!"

"야밤에 단둘이서 데이트하시려고?"

메아리처럼 테이블에서 환호와 야유가 들려왔다. 신은 무슨 말을 해야 할지 말문이 막혔다.

"그래, 언니도 데이트 좀 하자!"

영란이 작은 두 손으로 신의 등을 밀었다. 영란은 난처하고 애매한 상황을 마술처럼 넘기는 비법을 알고 있는 것 같았다.

거리는 완전히 밤이었다. 날이 제법 서늘해져 있었다. 두 사람은 신촌의 밤거리를 걸었다. 신은 영란과 조금 간격을 두고 걸었다.

"친구들이 좀 짓궂었죠?"

신은 긍정도 부정도 하지 않았다. 하지만 분명 기분 나쁜 자리는 아니었다.

"팀장님, 뭐 하나 물어봐도 돼요? 혹시… 여자친구 있으세요?"

신은 물끄러미 영란을 돌아보았다. 영란은 두 손으로 볼을 감싸더니 소리 없이 활짝 웃었다. 신은 그 웃음의 의미를 알 길이 없었다.

"하기야 있는 게 신기하지. 헤헤. 그런데 여자친구 왜 안 사귀세요?"

"끝이 보여서."

"끝? 무슨 끝이요?"

영란이 큰 눈을 깜박이며 신을 쳐다보았다. 영란은 정말 호기심이 한도 끝도 없는 여자였다.

"사는 데 꼭 필요한 건가? 애인이란 것?"

"아니요. 없어도 돼요. 되고말고요. 저도 남자친구가 없어서 얼마나 편한지 몰라요."

신의 질문에 영란이 횡설수설 말을 얼버무렸다.

두 사람은 조용한 주택가를 지났다. 버스정류장으로 가는 지름길이었다. 높은 축대들이 언덕을 따라 일렬로 이어져 있었다. 언덕 위까지 오니 제법 숨이 찬지 영란이 길 한쪽의 작은 놀이터를 가리켰다.

"잠깐 앉았다 갈까요?"

그러고는 대답도 듣지 않고 벤치에 앉더니 별 하나 없는 하늘을 올려다보며 물었다.

"팀장님 물병자리죠?"

신이 영란을 돌아보았다.

"아이 참, 팀장님 생일 2월 7일이잖아요. 같은 팀인데 왜 모르겠어요? 김대리님은 11월 26일이고, 윤경 언니는 7월 17일 제헌절이고, 오탁 대리님은 4월 10일이고요."

"영란씨는 숫자에 약한 줄 알았는데."

신의 말처럼 영란은 14층으로 가자고 하면 "13층이요?"라고 대꾸한 다음 12층을 누르는, 그야말로 숫자계의 이단아였다.

"그러게요. 참 이상해요. 평소에는 숫자에 많이 약한데 사람하고 관련된 숫자는 잘 기억해요. 생일, 전화번호, 주소 같은 거요."

영란은 생긋 웃더니, 이내 투정 부리듯 고개를 절레절레 흔들었다.

"그런데 우리 팀에서는 생일 축하한다고 한마디 해주는 사람이 없더라고요. 3팀 은주 언니는 생일선물도 챙겨줬는데…."

확실히 조직에도 사람처럼 성격이라 부를 만한 것이 존재했다. 그리고 그 성격이 형성되는 데는 리더의 성향이 결정적인 영향을 미치게 마련이었다.

신이 팀장이 되자마자 가장 먼저 없앤 게 회식이었다. 그전까지 기획2팀은 기쁜 일이 있어도, 나쁜 일이 있어도, 그리고 별일이 없어도 회식을 했다. 신은 특별한 목적도 없이 툭하면 저녁 늦게까지 부어라 마셔라 놀아대는 회식 문화를 이해할 수 없었다.

　회의 역시 최소한으로 줄였다. 신은 팀플레이를 믿지 않았다. 효율성은 경쟁과 개인적 보상에서 나온다는 것이 그의 지론이었다. 신은 편집증 환자처럼 세밀하게 각자의 업무를 분담했다. 마치 담임교사가 줄자와 분필을 들고 1cm의 오차도 없이 정확하게 청소구역을 나눠주는 일과 비슷했다. 처음에는 힘든 작업이었지만 시스템을 완성시키고 나니 팀원들의 공(功)과 실(失)이 뚜렷하게 드러났다. 팀원들은 분담된 업무를 처리하기 위해 매진했다. 남을 돌아볼 여력도, 그럴 필요도 없었다. 기획2팀은 점점 신을 닮아갔다. 그리고 원더랜드에서 가장 심플한 조직이 되었다.

　"서운할 수도 있겠지만, 그래도 안 주고 안 받는 게 서로 더 편하지 않을까?"

　신의 말에 영란은 답답하다는 듯 한숨을 푹 내쉬었다.

　"선물을 얘기한 게 아니에요. 관심을 얘기한 거죠. 솔직히 우리 팀은 너무 삭막해요. 3팀은 생일도 챙겨주고 회식도 자주 하잖아요. 얼마나 화기애애해요? 다음 달엔 팀원들끼리 엠티 간다고 막 자랑하더라고요."

　경쟁 부서인 3팀과 비교당하자 신은 이맛살을 찌푸렸다.

　"좋을 때는 가족 같고 친구 같기도 하겠지. 하지만 결국은 직장동료일 뿐이야. 일 때문에 억지로 맺어진 관계일 뿐이라고. 직장은…."

"아휴 답답해. 제 말뜻은 그게 아니라요. 좀머 씨! 회사가 일하는 곳이라는 것쯤은 저도 안다고요. 하지만 그게 다는 아니잖아요. 세상은 그렇게 삭막한 곳이 아니에요. 북극 아래에도 용암은 흐른다고요. 팀장님은 왜 모르세요? 좋은 사람들하고 재밌게 일하면, 그럼 다 이룬 거예요. 그 이상 무슨 행복이 있겠어요?"

화단에서 흙을 파던 고양이가 영란의 목소리에 놀라 달아났다. 영란의 눈가에 눈물이 그렁거렸다. 확실히 술을 많이 마신 것 같았다.

"좀 취한 것 같군. 다음에 얘기하지."

"이런 말을 어떻게 맨 정신으로 해요?"

영란이 무안한 듯 고개를 숙인 채 구두 끝으로 모래 위에 무언가를 그렸다. 사실 신도 좀 무안했다. 신은 이런 분위기에 익숙하지 않았다.

"이런 말씀 드리면 주제넘은 걸지도 모르지만 혹시… 팀장님은 지금 무언가를 찾고 계신 게 아닌가요? 마음속 갈증을 채워줄 무언가를, 잃어버린 무언가를…."

잃어버린 무언가를 찾고 있다고? 내가? 신은 영란이 한 말을 중얼거려보았다.

신은 그럴듯한 충고를 신뢰하지 않았다. 이 세상엔 자기 인생도 제대로 챙기지 못하면서 멋진 말을 하려는 충고 중독자들이 너무 많았다. 하지만 영란의 말엔 무시할 수 없는 힘이 있었다. 똑같은 말도 하는 사람에 따라 무게가 이렇게 다를 수 있을까? 잠시 멍한 표정으로 영란의 말을 되새기던 신이 벌떡 일어섰다. 그리고 가로등에 비친 영란의 긴 그림자를 보며 말했다.

"그만 갈게. 그리고… 해피버스데이투유."

입으로 말하고 나니 생각보다 더 어색했다. 영란의 그림자가 조금씩 흔들리기 시작했다. 아마 그녀는 웃었던 것 같다.

낯선 배웅

구르르르.

각양각색의 여행가방들이 바퀴를 굴리며 바쁘게 지나다녔다. 평일 저녁이었지만 인천국제공항엔 활기가 넘쳤다. 떠나는 자의 설렘과 도착한 자의 편안함, 긴장과 기대가 교차하면서 왠지 알 수 없는 붕 뜬 분위기를 만들어내는 것 같았다. 다른 데에 비하면 확실히 공항은 기분 좋은 사람이 많은 곳이었다.

헤매듯 공항을 돌아다니던 신은 오탁을 발견하자 작은 탄성을 내뱉었다. 오탁은 의자에 앉아 스마트폰으로 게임을 하고 있었다. 신이 천천히 다가가 오탁의 어깨에 손을 얹었다.

"팀장님… 여길 어, 어떻게?"

"자네 잡으러 왔지."

오탁은 크게 입을 벌렸다. 놀랐다기보다는 겁에 질린 표정에 가까웠다.

"농담이야. 오대리 집에 전화하니까 어머니가 출국 시간 알려주시더군. 사실 못 찾을 줄 알았는데 운이 좋았어."

"왜 저를?"

"그냥, 마지막으로 얼굴이나 한번 보고 싶어서."

오탁은 믿지 못하겠다는 표정을 지었다. 사실 신도 자신이 잘 이해되지 않았다. 조이사를 만난 이후, 보이지 않는 무언가가 마음을 휘저은 것처럼 뭔가가 섞이고 뒤바뀐 느낌이었다. 스스로가 생각해도 요즘은 좀 정상이 아니었다. 그럼에도 그는 애써 조이사의 미션 때문이라 여겼다.

"가족들은 어디에 계시지?"

"오지 말라고 했어요. 뭐, 대단한 일도 아닌데 촌스럽게…."

출국장 앞에서 포옹하는 한 남녀를 지켜보던 신은 어쩐지 오탁에게 미안한 기분이었다.

"그리고 보니 환송회도 못해줬네. 근데 오대리 탓도 있어. 이렇게 도망치듯 나가지만 않았어도…."

"도망이 아니라 꿈을 향해 모험을 떠나는 겁니다."

"미안, 내가 말을 잘못했어."

"일어나볼게요. 면세점에 들러야 해서요."

오탁이 의자에서 일어나자, 신도 따라 일어섰다. 신은 다시 오탁의 어깨에 손을 올렸다.

"어디서부터 말해야 될지 모르겠는데, 자네는 정말 재능이 많아. 3팀 시절에 왜 사람들이 자네 재능을 못 알아보는지 이상할 정도였지. 내 눈에는 분명 보였어. 자네만의 반짝거림이. 그러니까… 원더랜드의 기획자들 중 자네가 베스트였어. 이 말을 꼭 해주고 싶었어."

오탁은 여행가방의 손잡이를 잡고 그대로 멈춰 섰다. 당황한 것 같기도 하고 화가 난 것 같기도 한 얼굴이었다.

"팀장님은 정말 지독한 이기주의자예요."

갑자기 공항이 너무나 조용해졌다. 신은 찬물을 뒤집어쓴 사람처럼 멍했다. 평소에 하지 않는 일을 하면 이렇게 난처한 일을 당하기 때문에 많은 사람들이 익숙한 패턴대로 사는 건지도 몰랐다.

"왜 지금에서야…"

오탁의 목소리 끝이 갈라졌다.

"왜 지금에서야 그 말씀을 하세요. 좀 더 일찍 팀장님한테 그 말을 들었다면… 한 명이라도 내 편이 있었다면… 이렇게까지는…"

뜻밖에도 오탁은 눈물을 글썽였다. 신의 계획은 이런 게 아니었다. 그저 악수와 격려, 따뜻한 인사로 배웅해주고 싶었을 뿐인데, 마음을 시원하게 해주고 싶었는데, 이별마저도 뜻대로 되지 않았다.

오탁은 목례를 한 다음 여행가방을 끌고 출국장으로 향했다.

"잘 가!"

오탁은 뒷모습을 보인 채 손을 들어 보였다. 그러고는 곧 심사대를 거쳐 게이트로 들어갔다. 신은 생각했다. 누구라도 그렇게 될 수 있을 것 같다고. 뭔가 잘해보려고 하는데 일이 꼬이고 꼬여서 오해를 낳고, 결국에는 다 걷잡을 수 없는 경우가 있을 거라고. 어쩌면 오탁도 그런 경우가 아니었을까?

여행가방의 바퀴 소리가 사방에서 들려왔다. 문득 공항에는 기분 좋은 사람만 있는 것은 아니라는 생각이 들었다.

세 번째 친구

폭풍 전야였다. 직원들이 모여 두런두런 얘기를 나누던 본사 옥상엔 바람만 휑하니 불었다. 사원들은 해일을 직감한 야생동물처럼 신경을 곤두세웠다. 구조조정의 폭풍이 누구를 향해 몰아칠지 아무도 예측할 수 없었다. 자리를 지키고 몸조심을 하는 것이 상책이었다.

신은 텅 빈 옥상을 가로질러 난간 앞에 섰다. 넥타이가 바람에 이리저리 펄럭거렸다. 신은 넥타이를 재킷 안으로 집어넣었다. 그리고 주머니에서 종이학을 꺼냈다. 신은 종이학의 꼬리를 잡고 하늘을 배경으로 올려보았다. 종이학은 날고 싶은 듯 바람에 파드득 날개를 움직였다. 신은 오랫동안 그 몸짓을 지켜보았다.

"종이학이군."

홍보부장이 난간으로 다가왔다. 언제나 자세가 반듯했다.

"접어보신 적 있습니까?"

신이 종이학을 움직이며 말했다.

"예전에 1,000마리를 접은 적이 있지."

"무슨 소원을 비셨나요?"

"소원 따윈 없었네. 그냥 접고 싶으니까 접은 거지."

홍보부장은 두 손으로 난간을 짚었다. 그리고 허리를 꼿꼿하게 세웠다. 그는 바람에 흔들리는 종이학을 바라보았다. 신이 종이학을 주머니에 집어넣자 그의 시선이 주머니까지 따라왔다. 그는 좀 접고 싶은 것 같았다.

"무슨 일이죠?"

"큰 백이사 쪽에서 조이사님 자식들과 접촉하고 있어."

신의 넥타이가 다시 양복 밖으로 삐져나와 펄럭였다.

"협상은 진행 중입니다. 그리고 조이사님은 그런 것에 연연하실 분이 아닙니다."

신은 펄럭이는 넥타이를 손으로 잡았다.

"도대체 왜 제 넥타이만 바람에 날리는 거죠?"

홍보부장은 무뚝뚝한 얼굴로 양복 상의를 펼쳐 보였다. 체크무늬 넥타이가 황금색 넥타이핀으로 고정되어 있었다.

"신팀장은 자식을 안 낳아봐서 몰라."

그가 양복 깃을 가다듬었다.

"투자가치로 따지면 자식은 언제나 최악의 투자 상품이지. 돈을 쏟아붓는다고 잘되는 것도 아니고, 잘된다 해도 효도한다는 보장도 없지. 오히려 잘된 놈들은 자기가 똑똑해서 그 자리에 왔다고 착각하지. 하지만 그래도 인간들은 자식에게 무모하리만치 투자를 하네. 아무리 인정사정없는 자린고비라도 말이야. 그들이 있기에 원더랜드의 값비싼 장난감들이 지금 이 순간에도 팔리고 있는 것이겠지."

바람이 거셌지만 홍보부장은 움직이지 않았다. 그는 입술만 움직이는 동상 같았다.

"자네가 조이사님과 어떤 협상을 벌이고 있는지는 모르겠지만, 빨리 성과물을 가져와야 해. 우리는 칼을 뺐고, 그들도 칼을 뺐어. 가장 좋은 것은 칼을 안 뽑는 거지만 이렇게 되어버렸어. **정신 나간 놈들!**"

실수로 라디오 볼륨을 올린 것처럼 홍보부장의 음성이 갑자기 높아졌다. 신이 옆으로 고개를 돌리자, 그는 언제 그랬냐는 듯 표정도 음성도 제자리로 돌려놓았다.

"지금 원더랜드에는 상식적인 룰이 깨져 있네. 이대로 놔둘 수는 없어. 두 망나니가 다 망가뜨리기 전에 누군가 끝을 내야 해. 그것이 질서를 찾는 길이야."

홍보부장은 작은 백이사의 심복 역할을 충실히 해내고 있었다. 하지만 그 일을 좋아하는 것 같지는 않았다. 그에게선 뭐랄까, 30년 동안 연극판에서 내공을 쌓았지만 한 번도 원하던 역을 해보지 못한 무명 노배우의 비애감 같은 것이 느껴졌다.

홍보부장은 차렷자세로 담배를 피우고 있었다. 신은 주머니에서 종이학을 꺼내 펼쳤다.

> 인간이 추구해야 하는 것은 돈이 아니다
> 인간이 추구해야 하는 것은 언제나 인간이다.
> -푸시킨

문구 밑에는 세 번째 친구의 이름이 쓰여 있었다.

"구부사장님과 만나게 해주십시오."

"알겠네."

홍보부장은 재떨이에 담배를 끄고 몸을 돌렸다.

"왜 아무것도 묻지 않는 겁니까? 조이사님과 제가 어떻게 협상을 하고 있는지. 어디까지 진행됐는지."

홍보부장은 걸음을 멈추고 신을 돌아보았다.

"믿으니까."

"왜 절 믿으십니까?"

"그 편이 더 생산적이니까."

그는 옷깃을 가다듬고 입구로 걸어갔다. 멀어지는 두 사람 사이로 느리고 무거운 바람이 불었다.

산중턱엔 이미 울긋불긋 단풍이 물들고 있었다. 산악회 회원들은 구부사장을 따라 북한산 기슭을 오르고 있었다. 오늘 모인 회원들은 백 명이 넘었다. 홍보부장의 소개로 무작정 산행을 나선 신은 후회가 막심했다. 산길을 오르는 긴 행렬을 보고 있자니, 이러다가는 구부사장과 말 한마디도 못 나눌 것 같았기 때문이다.

'이 사람들은 구부사장이 썩은 동아줄인 걸 모르는 모양이군.'

구부사장은 백회장의 유고 뒤 예정대로 원더랜드의 CEO가 되어 있었다. 그러나 어디까지나 임시였다. 경영권 분쟁이 종결되면 자리를 비워야 했다. 그의 앞에는 더 이상 오를 산이 없었다.

"10분간 휴식! 10분간 휴식!"

위에서부터 아래로 전달되는 목소리에 신은 배낭을 풀고 나무 그늘에 털퍼덕 주저앉았다. 익숙지 않은 산행 탓에 종아리가 바윗덩이가 된 느낌이었다. 신이 줄줄 흘러내리는 땀을 훔치며 두리번두리번 구부사장을 찾는 사이, 건장한 사내가 그의 곁으로 다가왔다. 뜻밖에도 기획3팀의 원팀장이었다.

"뒷모습을 보고 혹시나 했더니 역시 자네였군. 산을 좋아하는 줄은 몰랐는데?"

"저도 뜻밖이네요. 큰 백이사라면 모를까, 원팀장님이 구부사장님을 따르는지는 몰랐습니다."

신의 퉁명스런 목소리에 원팀장이 바위 위에 걸터앉으며 피식 웃었다.

"믿지 못하겠지만 난 사내 정치엔 관심 없어. 관심이 많았다면 여기에 오지도 않았겠지. 여긴 원더랜드의 사조직이 아니니까."

신은 종아리를 주무르며 그늘에서 쉬고 있는 사람들을 살펴보았다. 그러고 보니 원팀장 말고 원더랜드의 직원들은 딱히 보이지 않았다.

"이 많은 산악회 회원들은 도대체 어떻게 모인 겁니까?"

"다들 부사장님과 인연이 닿은 사람들이야."

"생각보다 인맥이 대단하시군요."

"인맥이 아니라 인품이지. …자, 이렇게 배낭 위에 발을 올려 놔. 그래야 혈액순환이 되니까."

원팀장이 배낭을 신의 발밑에 밀어 넣고는 마음대로 그의 종아리를 주물렀다. 허락도 받지 않고 제멋대로 자신의 종아리를 주물러대는 원팀장의 행동에 살짝 짜증이 났지만, 신은 하는 수 없이 그를 내버려두었다. 이것이 그의 성격이었다. 그는 아픈 사람을 보면 약을 먹여야 직성이 풀리는 사람이었다. 게다가 꼴은 좀 우스웠지만, 딱딱하게 굳어가던 근육이 풀리는 기분이 싫지는 않았다.

"참, RV-프로젝트는 어떻게 돼가?"

"신경 끄시죠. RV-프로젝트는 우리 팀에서 끝낼 겁니다. 도움은 필요 없습니다!"

신이 그의 손에서 다리를 빼려고 하자 원팀장이 빙그레 웃으며 신의 다리를 꽉 붙잡았다.

"하하, 내가 체육특기생 출신이라 말귀를 좀 못 알아들어. '내 밥상에 숟가락 올리지 마시죠' 라고 해줘야 겨우 알아들을까? 어쨌든 난 신팀장 종아리를 주무를 거야. 자네를 업고 내려가긴 싫으니까. 그러니 오늘은 내 옆에 바짝 붙어 있어. 일반 코스가 아니라 초보자한텐 위험해."

"농담하십니까? 여기는 북한산이라고요."

"북한산에서 매년 발생하는 낙상 사고가 얼마나 되는 줄 알아? 새 등산복에 새 등산화 신었다고 만만하게 볼 산이 아니야."

등산복 얘기에 신의 얼굴이 살짝 달아올랐다. 등산화부터 바지, 셔츠, 점퍼, 모자, 배낭, 심지어 보온병까지 등산용품 전문 매장의 마네킹이 입고 있는 그대로였기 때문이다. 최대한 자연스럽게 보이고 싶어 마네킹의 옷차림을 통째로 선택했지만, 너무 완벽한 게 탈이었다. 그때 위에서 출발을 알리는 소리가 들려왔다.

산행이 다시 시작되었다. 원팀장은 틈틈이 고개를 돌려 신의 상태를 확인했다. 신은 마치 산책 나온 강아지가 잘 따라오나 확인하는 듯한 원팀장의 배려에 짜증이 났다.
"뒤돌아볼 시간에 빨리 좀 가시죠. 비켜주시면 더 고맙고요."
"단체 등반에서는 앞지르려고 하면 안 돼. 자네가 흐름에 맞춰야지."
그렇게 옥신각신하며 얼마나 산을 올랐을까. 선두 그룹은 어느새 보이지 않았다. 신은 마음 같아서는 원팀장을 밀치고 앞으로 나아가고 싶었지만 몸이 따라주지 않았다. 따라가기도 벅찬 상태였다. 길고 긴 숲을 빠져나오자 가파른 암벽이 나타났다. 북한산에 이런 난코스가 있으리라고는 상상도 못했을 만큼 산세가 가팔랐다. 경사진 암벽 틈을 타고 올라간 원팀장이 손을 내밀었다.
"잡아. 지금 자네 때문에 간격이 벌어지고 있어. 도움을 받고 흐름에 맞출 거야, 아니면 낙오할 거야?"

　원팀장은 신이 가장 무서워하는 말을 내뱉었다. 낙오자! 신은 그제야 아래를 내려다보았다. 정체된 승용차들처럼 산악회 회원들이 그가 앞으로 나아가기를 기다리고 있었다. 신은 모멸감을 느꼈다. 그리고 그 감정은 서서히 공포심으로 전이되었다. 신은 이곳의 사고 차량이었다. 1차선 도로에서 퍼져버린 골칫덩이! 흐름을 막는 방해자가 바로 자신이었다. 원팀장의 굵직한 손이 신을 기다리고 있었다. 한참을 망설이던 신은 결국 손을 내밀었다. 원팀장이 웃으며 그를 힘껏 끌어올렸다.

　암벽의 경사는 완만했지만 아슬아슬한 길의 연속이었다. 원팀장은 조심스럽게 앞으로 나아가며 "조심해!"라는 말을 수도 없이 반복했다. 신은 암벽에 몸을 붙인 채 게걸음으로 조금씩 이동했다. 오후 햇살에 뜨겁게 달궈진 암벽은 손을 짚을 때마다 화끈거렸다.

　밑을 내려다보기가 두려울 정도로 아찔한 암벽을 얼마나 지났을까. 마침내 암벽이 끝나고, 작은 숲이 나타났다. 암벽을 벗어난 신은 나무둥치에 풀썩 주저앉고 말았다. 다리가 풀린 지 이미 오래였다. 먼저 도착한 산악회 회원들은 정상으로 가는 마지막 나무그늘에 앉아 휴식을 취하고 있었다. 오랫동안 숨을 몰아쉬며 정신을 차린 신은 갑작스런 산행에 참여한 목적을 다시 한 번

상기했다. 그에게는 분명한 목적이 있었다. 그런데 어찌 된 일인지 구부사장이 보이지 않았다.

"부사장님이 보이질 않네요."

"맨 뒤에서 올라오실 거야."

신은 깜짝 놀란 얼굴로 원팀장을 돌아보았다.

"선두 그룹 아니었습니까?"

"하하하, 아래에 계신 줄도 모르고 하늘만 쳐다봤군."

후미 그룹이 숲으로 속속 들어오고 있었다. 그리고 원팀장의 말처럼 마지막에서야 구부사장의 모습이 보였다. 구부사장은 쉬지도 않고 도시락을 먹는 회원들을 챙겼다. 회원들은 쟁탈전을 벌이듯 구부사장에게 합석을 청했다.

"미안하지만 오늘은 신입회원을 챙겨줘야 한다네."

회원들의 숫자를 다 확인한 구부사장이 신에게 다가왔다.

"홍보부장한테 말은 들었네. 산을 좋아한다고?"

배낭에서 도시락을 꺼내던 원팀장이 숨죽인 채 웃음을 터뜨렸다. 신은 땀에 젖은 손바닥을 새 등산복에 닦으며 대충 얼버무릴 수밖에 없었다. 셋은 그늘에 모여 앉아 도시락을 풀었다.

"그래, 올라와보니 어떤가?"

"북한산도 꽤 스펙터클한 면이 있군요."

"하하하. 글쎄, 이 친구가 산 무서운 줄 모른다니까요."

원팀장이 불청객처럼 끼어들었다. 신이 노려보자 원팀장이 장난스럽게 윙크를 했다. 생각 같아선 절벽 아래로 확 밀어버리고 싶었다.

"그런데 왜 행렬 맨 뒤에 서신 겁니까. 리더는 항상 앞장서야 되지 않나요?"

"내가 이 산악회의 회장이긴 하지만 그렇다고 산을 가장 잘 타는 사람은 아니네. 우리 회원 중에는 준 프로라고 할 수 있는 전문가들도 있지. 그들이 선두에서 산세를 확인하고 속도를 조절하는 편이 더 효율적이지. 그리고 안전하고."

"그렇지만…."

신은 말꼬리를 흐렸다. 임시라도 어쨌든 회장의 말에 반박해서는 안 될 것 같았다. 하지만 구부사장은 이미 신이 하고 싶은 말을 짐작한 듯했다.

"한때는 나도 앞장서는 걸 좋아한 적이 있었네. 산에서는 더욱 그랬지. 어려서부터 아버지를 따라다녀서 산행에는 자신이 있었으니까. 하지만 그러다 큰 코 다치고 말았지. 벌써 30년 전이군. 군을 제대하고 복학을 기다리던 대학 동기들 다섯이서 이 산을 오른 적이 있었네. 지금의 자네처럼 그때 나에게 북한산은 산 같지도 않았지. 난 동기들에게 능력을 과시하고 싶었네. 간격이 벌어지건 말건 내 페이스를 고집했지. '다들 잘 보라고. 산은 이렇게 타는 거야' 하고 성큼성큼 앞으로 나아갔네. 그러다 결국, 죽을 고비를 넘겼지. 한번 잘못 디뎠을 뿐인데 그대로 암흑으로 떨어지더군. 원팀장도 내 얘기 들어본 적 있지?"

"하하하, 한 번만 더 들으면 백 번 채우겠습니다."

원팀장의 넉살 좋은 대꾸에 신도 마음이 조금 느슨해지는 느낌이었다. 구부사장이 곧 물러날 거라는 생각 때문이기도 했지만, 무엇보다 구부사장에게는 상대방을 편하게 해주는 무언가가 있었다.

"그래, 늙으면 한 말을 하고 또 하게 되지. 하지만 단지 기억력 감퇴 때문만은 아니네. 그만큼 중요한 얘기라는 뜻이야."

"명심하겠습니다. 조심 또 조심!"

원팀장이 또 넉살을 부리자 구부사장이 시원하게 웃었다.

"그럼 오늘은 새로운 얘기를 해야겠군. 원팀장도 사고 직후의 일은 모르지?"

"바로 응급차에 실려 가서 수술을 받으셨다고 들었는데, 아닙니까?"

원팀장이 고개를 갸우뚱거리자 구부사장의 얼굴에 씁쓸한 웃음이 떠올랐다.

"다들 거기까지만 알고 있지. 개인적으로 불편한 이야기라 그동안 말을 아꼈는데…."

구부사장의 눈길이 나무들 사이를 지나 북한산의 가을 풍경 속으로 사라지는 바람을 좇았다.

"내가 떨어진 곳은 다행히 응달이라 눈이 남아 있었네. 그 덕에 온몸은 으스러지는 듯했지만 의식은 잃지 않을 수 있었지. 오히려 아플수록 정신은 또렷해지더군. 공포감이 엄습했지만 나는 마음을 다잡았네. 위에 친구들이 있다는 것만으로도 커다란 위안이 됐지. 혼자였다면 정말 죽음을 기다릴 수밖에 없었으니까. 얼마 뒤에 예상대로 구조대가 로프를 타고 내려오는 모습이 보였네. 구조대원들은 내 상태를 확인하고는 천우신조라고 하더군. 그런데 그때였어. 한 구조대원이 내게 말하더군.

'학생, 앞으로는 혼자 산에 오르지 마세요.'

나는 아픈 와중에도 깜짝 놀라 되물었네.

'호, 혼자라니요? 제 친구들은 어디 있습니까?'

'일행이 있었나요?'

들것에 나를 고정하던 구조대원이 되묻더군. 그러다가 뭔가 짐작한 듯 침묵을 지켰지. 나는 들것에 실려 절벽으로 올라갔네. 구경꾼이 몰려들었지만 정작 함께 산을 탔던 친구들은 보이지 않았지. 난 나중에야 구조대원이 침묵한 이유를 알 수 있었네. 내가 친구라 여겼던 그 녀석들은, 익명으로 신고만 하고 그대로 산에서 도망쳤던 거야."

구부사장의 말에 신이 놀라서 물었다.

"네? 도대체 뭣 때문에요?"

구부사장은 지그시 눈을 감았다. 그의 눈꺼풀이 미세하게 떨리고 있었다.

"겁이 났던 거지. 혹시라도 경찰이 자신들에게 책임을 물을까 봐 말이야."

"그래서 죽었는지 살았는지도 모르는 친구를 버려두고 줄행랑을 쳤다는 겁니까?"

원팀장이 목소리를 높였다. 구부사장이 검지를 입술에 대고는 쉿 하는 소리를 냈다. 그는 차분하게 말을 이어갔다.

"병원에 입원한 동안 내 머릿속은 뒤죽박죽이었네. 내 앞에 무릎 꿇고 용서를 비는 녀석들의 모습을, 울고불고 매달리는 모습들을 상상하며 녀석들에게 어떤 폭언을 쏟아내야 할지를 생각하느라 시간을 다 보냈지. '어떻게 하면 녀석들의 양심에 깊은 상처를 남길까?' 하고 말이야. 그런데 하루가 지나고 이틀이 지나도 아무도 오지 않았네. 일주일이 지나고 한 달이 지나도 마찬가지였어. 이제는 은근히 걱정까지 되더군. 혹시 날 버린 죄책감으로 자살이라도 한 건 아닐까? 내가 목발을 짚고 찾아가 용서해 줘야 하는 건 아닐까? 하지만 모두 상상일 뿐이었네. 나는 학교 측의 협조로 4월에 복학 신청을 하고 녀석들을 찾아 나섰지. 금세 한 놈을 만났어. 잔디밭에 앉아 여자 후배들과 희희덕대고 있더군. 처음에는 날 모른 척하던 녀석이 한참을 내려다보자 그제야 입을 열더군.

'그래, 좀 아팠다며?'

녀석의 얼굴엔 어떤 표정도 없었네. 그저 귀찮은 기색이었지. 다른 녀석들도 비슷했어. 그들은 날 버렸다는 사실조차 잊어버린 듯 행동했지. 아니, 잊고 싶었겠지. 난 아무런 대꾸도 하지 못했네. 화도 나지 않더군. 오히려 그다음부터는 내가 그들을 피하게 됐지."

"말도 안 됩니다! 왜 부사장님이 피하십니까? 그런 인간쓰레기들은 매장시켰어야죠. 교수님한테도, 선배 동기들한테도 말하고, 대자보도 붙였어야죠!"

원팀장이 흥분해 소리쳤다. 신도 내색은 하지 않았지만 분노가 치미는 것을 느꼈다. 친구를 버린 그들과, 아버지의 재산을 빼앗아 간 숙부들이 겹쳐 보였기 때문이다.

"난… 무서웠네. 녀석들과 마주칠 때마다 심장이 벌렁거렸지. 그 무표정, 그 무심함, 뻔뻔함 앞에서 내가 믿고 있던 소중한 가치들이 태풍에 휩쓸린 듯 날아가버렸네. 그 사건 뒤로 사람들이 무서워지더군. 길을 걷다가도 누가 다가오면 날 칼로 찌를 것만 같았어. 지하철을 기다릴 때도 벽에 바짝 붙어 섰지. 누가 날 레일 위로 떠밀 것만 같았으니까. 어떤 사람도 믿을 수가 없었네."

신은 구부사장을 이해할 수 있었다. 부모님의 죽음과 숙부들의 배신이라는 절벽으로 떨어진 순간, 신 역시 그랬다.

"사실 사람들을 무서워한 것만은 아니었네. 오히려 미워하는 마음이 더 컸지. 난 독기를 품었네. 반드시 성공해서 녀석들에게 복수하리라 다짐했지. 그래서 원더랜드에 입사한 뒤 정말이지 무섭게 일했네. 대리, 과장, 부장으로 초고속으로 승진했지. 그런데 문제는 부장부터였네…."

부장은 저 혼자 앞서나간다고 되는 자리가 아니었다. 구부사장, 아니 구부장은 예전처럼 의욕적으로 프로젝트를 진행했지만 부하직원들은 그를 따라오지 못했다. '빨리 성과를 올려서 이사가 돼야 하는데… 녀석들 앞에 보란 듯이 성공한 모습으로 나타나야 하는데….' 초초해질수록 업무는 자꾸 꼬여만 갔다. 그럴수록 악순환이 반복됐다. 부하직원들만 보면 화가 치밀었다. 믿고 일을 맡길 수가 없었기 때문이다. 보고서에 맞춤법 하나만 틀려도 '이럴 줄 알았다니까! 멍청이들에게 일을 맡긴 내가 바보지! 그래, 계속 이렇게만 하라고! 내가 사장이 되면 모두 아웃시켜줄 테니까!' 하며 부하직원들의 보고서를 고쳐 쓰기 시작했다. 그들에게 맡길 일도 직접 처리해야 안심이 될 정도였다.

"결국 어떻게 되었겠나? 내 업무는 상상을 초월할 정도로 많아졌네. 화장실 갈 여유조차 나지 않더군. 결국 나는 무언가가 심각하게 잘못되었다는 사실을 직감했네."

"그래서 어떻게 되었습니까?"

신과 원팀장이 동시에 물었다. 구부사장의 사연 속에는 중간관리자들이 겪고 있는 보편적인 문제들이 담겨 있었다.

"나를 바꿔줄 인생의 스승을 만났지. 그분과의 만남이야말로 내 인생의 천운이었네. 그분은 나의 직장상사였네. 나를 부장으로 추천하신 분이기도 했지. 실망시키고 싶지 않았지만, 그분은 이미 내 문제를 간파하고 있었네. 어느 날 그분이 나를 불러 내가 느끼고 있는 문제점을 모두 말해보라고 하셨지. 난 장장 한 시간 동안 부하직원들에 대한 불평을 쏟아냈네. 잠자코 경청하시던 그분이 내게 내린 결론이 무엇인 줄 아나? 바로 휴가였어. 내게 휴가를 떠나라고 하시더군.

'할 일이 산더미처럼 쌓여 있는데 휴가라니요! 제가 한 시간만 자리를 비워도 우리 부서는 올 스톱이라고요!'

나는 말도 안 된다고 강변했지만 그분은 요지부동이셨지. 게다가 휴가 동안 회사에 일체 전화도 걸지 말라고 엄포를 내리셨어."

불안감에 그는 휴가 내내 마음껏 쉴 수조차 없었다. 과연 자신이 없는 동안 부하직원들이 일을 제대로 해낼 수 있을까? 아무리 생각해도 불가능한 일이었다. 혹시 프로젝트를 망가뜨리고는 그 명분으로 자신을 지방으로 전출시키려는 수순이 아닐까 하는 의심까지 들 정도였다. 그렇게 1주일간의 끔찍한 휴가를 마치고 사무실로 돌아온 그는 허겁지겁 업무보고서부터 살폈다. 그동안 부하직원들이 얼마나 일을 망쳐놓았을지는 불을 보듯 뻔했다. 그런데… 아무 이상이 없었다. 모든 업무가 깔끔하게 처리되어 있었다.

그날을 떠올리던 구부사장의 얼굴에 작은 미소가 어렸다.

"그때 그분이 얼떨떨해하는 내게 다가와 이렇게 말씀하시더군."

'신발을 벗고 의자 위로 올라가게.'

무슨 영문인지도 모른 채 의자 위로 올라가자 그분은 내 등 뒤로 직원들을 불러 모으고는 말했지.

'가슴에 손을 얹고 눈을 감아. 그리고 뒤로 쓰러지게.'

정신이 번쩍 들더군. 만약 직원들이 날 받아주지 않는다면 딱딱한 사무실 바닥에 나동그라질 테니 말일세. 번지점프보다도 무서웠네. 번지점프는 로프를 믿으면 그만이지만 뒤로 넘어지는 것은 사람을 믿어야 하니까. 의자 높이는 60센티미터도 안 됐지만 공포심은 상상을 초월했네. 눈을 감고 있으니 내가 떨어진 북한산 절벽보다 더 높게 느껴졌어. 온갖 생각이 다 들더군.

'뒤로 쓰러져! 부하직원들을 믿어!'

그분의 목소리에 나는 겁에 질려 소리쳤네.

'도저히, 도저히 할 수가 없습니다!'

'믿어! 믿지 못하는 사람은 관리자가 될 수 없어! 높이 올라갈 수 없어! 믿어! 그것이 자네의 의무야! 믿어! 믿어!'

그분의 음성은 북소리 같았네. 내 마음을 두드리는 북소리였지. 믿으라고 말할 때마다 절벽에서 떨어지던 아찔한 순간이, 배신한 친구들의 얼굴이 떠올랐네. 마음이 찢어질 듯했지만 그분은 계속 내 마음을 두드렸어.

'믿어! 믿어! 믿어! 소중한 가치를 되찾아!'

나는 뒷걸음질하다 허공에 발을 딛고 그대로 뒤로 쓰러지고 말았네. 그러자 절벽으로 떨어지던 악몽의 순간으로 돌아갔지. 이제 엄청난 고통이 닥치리라. 지옥불에 떨어지리라. 부서지리라…. 엄청난 공포에 나는 비명을 질러댔네. 하지만 시간이 지나도 고통이 찾아오지 않더군. 눈을 떠보니 따뜻하고 부드러운 손들이 내 몸을 감싸주고 있었네. 마치 작은 천사들이 가벼운 구름처럼 나를 받쳐주고 있는 것 같았지. 직원들이 나를 내려다보고 있었어. 혹시나 내가 다칠까 봐 여자 직원들까지 힘을 보태고 있었지.

'괜찮으세요?'

순간 눈물이 홍수같이 쏟아졌네. 내 인생에서 가장 감격적인 순간이었어. 그대로 죽어도 좋을 만큼. 더 이상 바랄 것이 없었어. 까맣게 잊어버렸던 것들을, 소중한 가치를 되찾았으니까."

그때를 떠올리는지 구부사장의 얼굴에 미소가 떠올랐다.

"나는 어려서부터 사람들을 좋아했네. 친구들을 우르르 집으로 데려와 부엌 음식을 다 먹어치워야 속이 시원했지. 같이 땀 흘리며 운동하는 게 좋았고, 시끌벅적하게 떠들고 노는 게 좋았네. 누군가는 그걸 시간 낭비라는 둥 군중심리라는 둥 떠들었지만 내 귀엔 들리지 않았어. 난 그게 좋았으니까. 난 무언가가 되고 싶다는 욕심이 없었네. 어차피 세상엔 야망으로 가득 찬 사람들이 넘쳐나니까 나 하나쯤은 단순하게 살아도 지구가 망하진 않겠다고 생각했지. 난 그냥 사람들 속에서 따뜻함을 느끼며 살고 싶었네. 무슨 일을 하건 파이팅을 외치고 동료들과 함께 땀이 범벅이 되도록 일하면 족했지. 산에 오를 때처럼 큰 목표를 세우고, 모두 하나가 되어 목표에 매진하고, 어깨동무를 하며 기쁨을 만끽하는 삶⋯ 나는 그날 잃어버린 꿈을 되찾았네."

점심 겸 휴식을 마친 산악회 회원들이 다시 정상을 향해 발걸음을 떼기 시작했다. 신과 원팀장은 구부사장과 함께 후미 그룹에 섰다. 사람들은 정상을 올려다봤지만 구부사장은 사람들을 보고 있었다. 행여 낙오자가 생길까 걱정하는 눈빛이 역력했다.

"얼마 남지 않았어! 다들 힘내!"

그가 응원하자 회원들은 엄지손가락을 치켜들어 회답했다. 구부사장은 함께 가는 리더였고, 뒤에서 밀어주는 리더였다. 신은 문득 넬슨 만델라의 말을 떠올렸다.

> 리더는 양치기와 같아야 한다.
> 양치기는 양떼의 뒤에 있다.
> -넬슨 만델라

신은 자신이 구부사장을 잘못 보고 있었음을 깨달았다. 관심 없이 바라본 구부사장은 끈 떨어진 연에 불과했다. 그러나 새롭게 바라본 그는, 백 명의 사람들을 이어주는 튼튼한 동아줄이었다. 각양각색의 사람들을 한데 모을 수 있는 멋진 사람이었다. 구부사장에게는 사람을 끌어당기는 힘이 있었다.

'조이사가 말한 관계의 힘이란 바로 이런 것일까? 지금 원더랜드가 필요로 하는 사람은 바로 구부사장님이 아닐까?'

신은 조이사의 말이 조금씩 피부에 와 닿는 느낌이었다. 이번 리포트에는 쓸 말이 많을 것 같았다. 의무감이 아닌, 그 자신 스스로 곰곰이 생각해볼 문제가 무척이나 많았다.

정상에 도착한 회원들은 가을 풍경을 바라보고 있었다. 청명한 날이라 서울 시내가 한눈에 들어왔다. 회원들은 각자의 생각에 잠겨 있었지만, 분명 소중한 것을 공유하고 있는 모습이었다.

"인간은 끊임없이 상처를 받습니다. 내일이라도 당장 철석같이 믿었던 친구에게 배신을 당할지도 모릅니다. 그래도 계속 인간을 믿어야 하는 겁니까?"

신이 구부사장을 향해 질문을 던졌다. 원팀장도 궁금한지 신 옆에 붙어 대답을 기다렸다.

"나도 똑같은 질문을 스승님한테 한 적이 있네. 만약 또다시 절벽에서 버려지면 어떻게 해야 하냐고. 그랬더니 그분이 말씀하시더군. 똥을 밟으면 신발을 씻으면 된다고."

"네?"

신과 원팀장이 동시에 큰 소리를 냈다. 구부사장은 신과 원팀장의 어깨를 토닥이며 웃기만 할 뿐이었다. 정상은 바람이 시원했다.

인생의 의미

조이사의 기침은 숨이 멎을 듯 오랫동안 계속됐다. 숨소리마저 불규칙해지자 신은 슬쩍 핸드폰을 쥐었다. 혹시 모를 응급상황에 대비하기 위해서였다. 다행히 시간이 흐르자 기침이 조금씩 가라앉았다.

"정말 괜찮으신 겁니까?"

"나이가 들면 아픈 게 당연해. 나는 그것을 받아들이지. 고통이 없어지진 않지만 받아들이면 그다지 괴롭지가 않아. 그런데 요즘 젊은 사람들은 '병(病)'을 너무 무서워해. 웰빙이니 뭐니 하며 끔찍하게 건강을 챙기지. 내가 볼 땐 그게 병이야."

"건강해서 나쁠 이유는 없잖습니까?"

"물론 건강은 최고의 보물이지. 하지만 요즘의 건강 열풍은 사람들의 눈을 가리고 있네. 이 세상에 완벽한 건강이란 존재하지 않아. 사람은 어딘가 한구석은 아프기 마련이지. 사람은 아프고, 늙고, 죽도록 프로그램 되어 있네. 이것이 자연의 섭리야. 그런데도 미디어는 평생 젊고 건강하게 살 수 있다고 현혹하지. 그래서 당연히 받아들여야 하는 순리를 받아들이지 못하게 하지. 우리는 미디어가 만드는 환상 때문에 고통을 당하고 있네."

조이사는 잔기침을 몇 번 더 하고 말을 이었다.

"오래전에 CF 촬영 현장을 방문한 적이 있네. 그림 같은 2층집에서 엄마, 아빠, 아들 역할을 하는 모델들이 끊임없이 웃고 있는데 얼마나 우습던지. TV에 잠깐 나오는 단란한 가족이라는 이미지를 만들기 위해 반나절을 웃고 있는데, 보고 있자니 머리가 어질어질하더군."

조이사는 생각만 해도 어지러운지 이마에 손을 올렸다.

"미디어가 보여주는 이미지 대부분이 이렇게 터무니없네. CF 속의 가정 같은 건 있을 수가 없어. 가정이란 생활을 하는 곳이지 무대가 아니야. 아빠는 배가 나오고, 엄마는 손에서 마늘 냄새가 나고, 아이들은 소맷자락으로 코를 훔치는 게 정상이지. 하지만 미디어는 그것을 비정상이라고 말하네. 대신 이러저러한 제품을 사야 완벽한 가정이 될 수 있다고 암시를 걸지. 우리 주변에는 그런 암시들이 넘쳐나네. 처음엔 거짓이라는 걸 알지만,

자꾸 보다 보면 현실로 착각하게 되지. 그때부터 불안감이 엄습하는 거야. 왠지 자신이 초라해 보이고 사회에서 탈락한 것만 같은 느낌이 들지. '돈만 있으면 다 가질 수 있을 텐데. 돈만 있다면 완벽해질 텐데.' 이런 부질없는 생각에 고통당하지. 하지만 아무리 돈을 벌어도 완벽한 인생은 살 수가 없네. 완벽한 부(富)란 존재하지 않으니까."

조이사는 홍차를 마신 다음 크게 숨을 들이쉬었다.

"사람들은 돈만 있으면 자질구레하고 짜증나는 일들이 사라지리라 생각하네. 물론 돈이 많으면 은행 창구에 줄을 설 필요도 없고, 만원버스에 시달릴 일도 없고, 귀찮은 집안 살림에서도 해방되지. 하지만 막상 부자가 되면 새로운 차원의 복잡한 일들이 벌어진다네. 돈이란 모을 때는 재밌지만 지켜야 할 순간이 오면 하나도 재미가 없네. 자네는 지켜야 하는 부담감이 어떤 것인지 상상도 하지 못할 거야. 내가 아는 어떤 부자는 집에 도둑이 들까 봐 그 흔한 동남아 여행도 한 번 가지 못했다네. 여행을 떠나는 부자들 역시 불안하긴 마찬가지네. 맘 편하게 발 뻗고 잘 수가 없지. 편하게 살고 싶어서 부자가 되려 한다? 이것처럼 허무맹랑한 말도 없네. 일단 불편함을 견뎌야 돈을 벌 수 있고 부자가 될 수 있어. 그렇게 해서 부자가 되면, 더 골치 아픈 일들이 생기지. 물질을 많이 소유하면 그만큼 관리할 것들이 많아지네.

물질로는 스트레스에서 절대 벗어날 수 없어."

신은 조이사의 말에 인상을 찌푸렸다. 조이사의 말은 궤변일 뿐이었다. 적어도 신에게 가난은 치욕이었다. 어떤 이유에서건 돈이란 많을수록 좋은 것이었다.

"이사님의 말이 제게 어떻게 들리는지 아십니까? 부자의 어리광으로밖에 안 들립니다. 지금도 지하철에서는 등이 휜 노인들이 용돈을 벌기 위해 버려진 신문지를 줍고 있습니다!"

신의 신랄한 공격에 조이사가 쓴웃음을 지으며 고개를 끄덕였다.

"맞아, 정확한 지적이네. 아프리카에서는 사람들이 굶어 죽고, 동남아시아에서는 아이들이 신발도 없어 맨발로 구걸을 하고, 남미에서는 먹고살기 위해 아이들이 갱단에 들어가지. 여기서 자동차로 몇 시간이면 갈 수 있는 북녘에선…."

슬슬 짜증이 치민 신이 퉁명스럽게 조이사의 말을 끊었다.

"도대체 무슨 말씀을 하고 싶으신 겁니까?"

"지금 자네 지갑에 돈이 얼마나 있나?"

신은 거리낌 없이 지갑을 꺼내 보였다. 지갑에는 현금 10여 만 원과 신용카드 2장, 체크카드가 들어 있었다.

"자네, 지갑에 10만 원을 가지고 있으면 전 세계에서 상류층에 속한다는 것 알고 있나? 만약 재산이 6,000만 원이 넘으면 성인 기준으로 세계 상위 10% 부자에 속한다는 것은 아나? 5억 원이 넘으면 세계 상위 1%의 부자가 되네."

"절대적인 수치는 그럴 수도 있겠죠. 하지만 문제는 현실에서 전혀 그렇게 느끼지 못한다는 것 아니겠습니까?"

"자네는 이미 많은 것을 소유한 사람이지만 그걸 깨닫지 못하고 있네. 물론 더 많이 가진 부자들도 깨닫지 못하지. 그들도 가난한 자와 마찬가지로 상대적 박탈감 때문에 괴로워하네. 별장이 없어서 분통을 터뜨리고, 집값이 떨어졌다고 눈물을 흘리고, 요트가 없어서 자괴감에 빠지지."

"그래도 100달러가 없어서 괴로운 것보다는 요트가 없어서 괴로운 게 낫죠."

신이 시큰둥하게 대꾸하자 조이사가 지팡이 손잡이에 턱을 괸 채 고개를 저었다.

"남이 볼 때야 천지 차이지만 괴로움의 크기는 별반 다르지 않네. 자네 주위에 있는 부자들을 떠올려보게. 자네는 그 사람들을 부러워한 적이 있나?"

"왜 부럽지 않겠습니까?"

조이사가 예상했다는 듯 고개를 끄덕였다.

"그럼 질문을 다시 하지. 자네는 **부자들의 인생**을 부러워한 적이 있나?"

신은 조이사의 질문에 곰곰이 생각해보았다. 좋은 옷, 좋은 차, 좋은 집… 모든 것이 부러움의 대상이었다. 그런데 신은 부자의 인생 자체까지 부러워한 적은 없었던 것 같았다. 신은 부자가 된다면 정말 멋지게 살 자신이 있었지만, 무슨 이유에선지 재미있게 사는 부자들은 어디에 꽁꽁 숨었는지 보이지 않았다. 조이사는 어리둥절한 신의 얼굴을 보며 등받이에 몸을 기댔다.

"자본주의 사회에서 행복하게 살려면 '물질의 속성'을 이해해야 하네. 원하는 물질을 갖게 되어도 원했던 만큼의 행복은 가질 수 없네. 물질을 손에 쥐는 순간 **가치**가 훼손되어버리고 마네. 왜냐하면 물질에 대한 기준치가 계속 높아지기 때문이지. 은반지가 생기면 금반지를 가지고 싶고, 금반지가 생기면 다이아반지가 탐나기 시작하지. 이 세상에는 노동을 대신해주는 물건들이 넘쳐나지만 노동의 양이 줄어들지 않는 이유도 높아지는 기준치 때문이네. 빨래를 한번 생각해보게. 세탁기가 발명됐지만 우리가 세탁에서 해방되었나? 청결에 대한 기준치가 높아져서 1주일에 한 번 하던 빨래를 하루에 한 번씩 해야 하는 번거로움이 늘었을 뿐이네. 어떤 집에서는 양말도 다리미로 다린다고 하더군. 자동차는 또 어떤가? 자동차가 생활을 안락하게 해주는 것 같지만, 할부금과 유지비를 벌기 위해서 더욱더 많은 노동을 해야 하지 않는가? 물질을 추구하는 게임에는 끝이 없네. 다시 말하지만 완벽한 부란 존재하지 않아. 아무리 돈이 많아도 언제나 모자란 법이네. 이는 권력의 게임도 해당되네. 저 건물 정말 코미디 같지 않나?"

조이사는 지팡이로 요양원을 가리켰다. 백악관을 닮은 본관에서 금방이라도 조지 워싱턴이 걸어 나올 것 같은 풍경이었다.

"의뢰를 받은 건축가도 허탈한 웃음을 지었을 게 분명해. 하지만 늙은 부자들은 저 염치없는 건물을 보고 바로 계약서에 도장을 찍지. 인생의 마지막 순간까지 권력의 상징물 곁에 머물고 싶을 만큼 권력에 대한 욕구는 강하다네. 권력을 향한 게임 역시 끝이 없네. 힘 위에는 언제나 더 큰 힘이 기다리고 있지."

조이사가 지팡이로 하늘을 가리켰다.

"세상에서 가장 강력한 권력을 가진 사람을 꼽으라면 미국 대통령을 꼽을 걸세. 그야말로 권력의 최고봉이지. 하지만 미국 대통령조차 억울한 일을 당하네. 끊임없이 견제받고, 비판당하고, 작은 실수만 해도 미디어의 패러디 대상이 되지. 아마 손 좀 봐주고 싶은 놈들이 한둘이 아닐 걸세. 하지만 참을 수밖에. 네로 황제처럼 멋대로 굴다간 곧바로 탄핵을 당할 테니까. 지구에서 가장 강한 사람의 처지도 이렇네. 상처 받아도 참아야 하고, 하기 싫은 일도 꾸역꾸역 해나가야만 하지. 그 최고 권력자의 자리가 얼마나 지긋지긋했던지, 러더퍼드 헤이스 대통령은 퇴임식만

손꼽아 기다리며 달력에 표시를 했다고 하네. 제임스 K 포크 대통령은 '이제 종노릇은 그만두고 내 인생의 주인이 될 것이다' 라는 말을 남긴 채 재선을 포기하고 홀가분한 표정으로 백악관을 떠났지."

귀가 솔깃한 이야기였다. 그러나 책장을 덮으면 냉혹한 현실이 펼쳐진다. 신은 정신을 '바짝' 차렸다.

"그러니까 건강, 돈, 권력 모두 부질없으니 저 같은 샐러리맨은 평생 가난하게 살다 죽으란 말씀인가요?"

조이사는 고개를 저었다. 그의 얼굴 뒤로 노을빛이 물들기 시작했다.

"에베레스트에 오르려면 오랫동안 체력을 기르고 산을 배워야 하네. 평생을 다 바쳐도 성공한다는 보장이 없지. 설령 성공한들, 정상에 서 있을 수 있는 시간은 한 시간도 채 되지 않아. 눈보라가 치기 전에 얼른 깃발을 꽂고 사진을 찍고 하산해야 하지. 에베레스트를 내려가는 산악인을 상상해보게. 그가 정상 탈환에만 인생의 목적을 두었다면 평생 한 시간밖에 행복을 누리지 못했을 거네. 실상 그의 일생의 긴 시간들은 산을 오르기 위한 과정이었지. 그 **과정**에 아무런 의미도 없었다면 그는 인생에서 실패한 것이네."

"어떤 의미를 말씀하시는 겁니까?"

조이사가 신의 손을 덥석 잡았다. 그러고는 펜을 꺼내 신의 손바닥에 무언가를 썼다.

"인생의 의미는 여기에 있네."

신은 자신의 손바닥에 적힌 글자를 천천히 들여다보았다.

人間

"나무는 혼자 서 있어도 나무(木)고, 돌은 혼자 있어도 돌(石)이네. 하지만 인간(人)은 혼자서는 인간(人間)이 될 수 없네. 이것이 동양에서 인간을 이해하는 방식이네. 타인 없이는 나라는 존재 자체가 성립되지 않지. 관계가 인생이고 존재 이유인 것이네. 인생의 의미는 관계 속에 있어."

신은 '사이 간(間)' 자를 유심히 보며 기억 속의 얼굴들을 떠올려보았다. 가장 먼저 생각나는 얼굴은 어머니와 아버지였다. 잠깐 얼굴이 스쳤을 뿐인데도 가슴이 먹먹했다. 어렸을 때 함께 뛰놀던 친구들의 모습도 보였다. 그중에서도 '친구'라는 소중한 느낌을 공유했던 옛 친구의 얼굴도 떠올랐다. 멀리 사는 것도 아닌, 같은 서울 하늘 아래 살면서도 연락을 끊은 친구였다. 문득 친구의 얼굴이 보고 싶어졌다. 그다음에는 영란과 오탁, 그리고 구부사장의 얼굴이 보였다. 신은 창경궁에서 솜사탕을 처음 먹었을 때처럼 기분이 좋아졌다.

 하지만 좋은 기분은 거기까지였다. 앨범의 다음 장을 넘기자 아버지의 형제들이 무표정하게 서 있었다. 속에서 쓰리고 아픈 것들이 치솟았다. 모욕을 주는 직장상사, 자기밖에 모르는 이기적인 직장동료, 촌지를 안 준다고 노골적으로 무시하던 고등학교 담임선생…. 상처를 주었던 얼굴들이 기억의 수면 위로 뛰어올랐다. 신은 '人間'이라고 쓰인 주먹을 꽉 움켜쥐었다.

 "개똥 같은 인간들이 저에게 무슨 의미가 있습니까?"

 "그들은 자네에게 인간은 누구도 완벽하지 않다는 사실을 깨닫게 해준 고마운 존재가 아닐까? 완벽한 부모, 완벽한 배우자, 완벽한 직장상사는 존재하지 않다는 것을, 그들이 고맙게도 가르쳐준 것일세. 인간관계란 완벽하지 않은 게 당연해. 아무리 아름다워도 아픈 부분이 있기 마련이야. 이것이 인생의 순리네. 아플 수밖에 없다는 사실을 받아들여야 하네."

 "절벽에서 떠밀려도 순순히 받아들이라고요?"

"아무도 자네를 절벽에서 떠밀지 않아. 만약 누군가에게 상처 받는다면… 그냥 똥을 밟았다고 생각하게. 똥을 밟았다고 주저 앉으면 앞길에서 기다리는 기쁨을 얻지 못하네. **똥을 밟으면 신발을 씻으면 그만이야.**"

신이 깜짝 놀라 벌떡 일어섰다.

"조이사님이셨군요! 구, 구부사장이 말한 스승님이 바로!"

조이사는 빙그레 웃으며 홍차를 마셨다.

"구부사장은 내가 가장 아끼는 직원이었지. 내가 구부사장을 좋아했던 이유는 그의 품성 때문이었네. 그는 인간을 좋아하고 관계를 통해 기쁨을 얻는 사람이었지."

조이사는 신이 작성한 리포트를 잠시 내려다보았다. 그리고 먼 산으로 고개를 돌렸다.

"중국에서는 오래전부터 제왕이 되려면 천기(天氣)와 지기(地氣), 그리고 인기(人氣)를 얻어야 한다고 했네. '인기'란 인간을 끌어당기는 힘이네. 성공한 사람들은 '인기'로 협력자들을 만들어가지. 그 인기의 비결은 단 하나야. 바로 인간을 좋아하는 것이네."

인간을 좋아해야 성공할 수 있다? 신은 조이사의 말을 곱씹고 또 곱씹었다. 신은 성공하고 싶었다. 성공해서 자신에게 상처 준 사람들에게 복수하고 싶었다. 그러나 인간 때문에 번번이 상처를 입고 좌절을 겪었다. 성공하지 못하는 이유가 그 때문이라고 생각했다. 그런데 결국 인간을 좋아해야 성공할 수 있다고? 성공도 실패도 모두 인간에 달린 문제라는 뜻이었다.

먼 산을 바라보던 조이사가 요양원 건물로 시선을 옮겼다. 화이트하우스 앞의 분수는 꺼져 있었다.

"루스벨트는 퇴임 후에도 종종 백악관에 전화를 걸었네. 주로 현직 대통령이 해외순방에 나설 때를 틈타 몰래 전화를 했지. 그가 전화를 건 이유가 무엇인 줄 아나?"

"권력에 대한 미련 때문 아니겠습니까?"

"아니, 요리사나 정원사의 안부가 궁금했기 때문이야. 재단사 출신이었던 앤드류 존슨은 대통령이 된 뒤에도 양복점을 찾아가 재단사들과 얘기하는 것을 즐겼지. 정치적으로는 아무런 이익도 돌아오지 않지만, 그는 인간적인 관계에서 만족을 얻는 인물이었던 거네. 빌 클린턴은 누군가가 마음에 든다 싶으면 뒷일을 제쳐두고 대화에 몰입했다고 하네. 인생의 사활이 걸린 선거전에서도 그 버릇은 여전했지. 유세전을 끝마치고 재빨리 다음 장소로 이동해야 했지만, 그는 눈앞에 있는 유권자 한 사람에게 집중했어. 당연히 참모들은 난리를 쳤지. 클린턴이 한 사람과 수다를 떨 시간에, 경쟁자는 수백 명에게 얼굴도장을 찍고 있었으니까. 하지만 클린턴은 상대방과의 대화를 끊지 않았네. 그것이 클린턴의 천성이었지. 클린턴은 어렸을 때부터 누군가를 만나면 그의 특징, 습관, 취미 등을 수첩에 적었다고 하네. 다른 친구들이 수학공식을 적어 외울 때, 클린턴은 인간 수첩을 만들고 있었던 거지."

조이사가 몸을 떨며 잔기침을 했다. 그는 무릎 위의 모포를 허리까지 잡아당겼다.

"인간을 좋아하면 성공할 수 있다는 말씀입니까?"

"물론 반드시 성공하는 것은 아니네. 하지만 **인간으로서는 성공할 수 있지.**"

잠시 뒤에 등나무 언덕으로 간호사가 올라왔다. 그녀가 조이사의 혈압을 재고 무언가 귓속말을 했다. 말없이 고개를 끄덕인 조이사는 간호사의 부축을 받고 언덕을 내려갔다. 신은 등나무 앞에 혼자 남아 그들을 내려다보았다.

"인간으로서의 성공… 인간으로서의 성공…."

신은 새해 아침에 노스님에게 화두를 받은 승려가 된 기분이 들었다. 한쪽에서는 정신을 바짝 차려야 한다고 다짐했지만, 한쪽에서는 **인간으로서의 성공**이란 말이 지워지지가 않았다. 어쩌면 몽환적인 하늘빛 때문인지도 몰랐다.

석양이 지는 하늘 위로 조이사의 기침 소리가 울렸다.

네 번째 친구

카페 2층 테이블 위로 늦은 오후의 햇살이 떨어져 내리고 있었다. 통유리 밖으로 '그린펫'의 빌딩 사옥이 보였다. 그린펫은 모기업의 대대적인 지원을 받아 원더랜드를 무서운 기세로 추격 중인 신생 완구업체였다. 그리고 그곳에는 신의 오랜 친구가 있었다. 조이사가 마지막으로 보낸 소포에는 다음과 같은 문구가 적혀 있었다.

> 누구와도 친구가 되려는 사람은
> 누구의 친구도 될 수 없다.
> -부페퍼

문구 밑에는 이름 대신 다음과 같은 말이 적혀 있었다.

'마지막 리포트군. 마지막이니 방식을 달리해볼까 하네. 이번에는 대상자를 정해주지 않겠네. 자네가 직접 정하게.'

"천우…."

신은 낮은 목소리로 그 이름을 불러보았다. 한때 가장 소중한 친구였지만 무심한 세월에 연락이 끊긴 친구였다. 천우를 만난 것은 고등학교 때였다. 천우는 누구에게나 사랑받는 소년이었다. 부잣집에서 자란 쾌활한 우등생이었으며, 운동도 잘하고 성격도 좋았다. 게다가 외모까지 근사했다. 당연히 인기가 많을 수밖에 없었다. 그의 주위엔 언제나 사람들이 모여들었다. 그런 천우와 어떻게 친구가 됐는지 신은 잘 기억이 나지 않았다. 둘은 여러 면에서 판이한 성격이었다. 신은 내성적이고 조용한 학생이었다. 언제나 먼저 말을 걸어오는 쪽은 천우였다.

'어째서 천우는 내게 다가왔을까? 모든 사람에게 사랑을 받아야 직성이 풀려서?'

이유는 알 수 없었다. 다만 분명한 건 천우가 그의 인생을 통틀어 마음을 연 유일한 친구였다는 사실이다. 이미 10년 전의 일이었지만.

테이블 위에 고여 있던 노란 햇살이 붉게 익어가고 있었다. 신은 조이사가 보낸 종이를 접힌 자국에 따라 다시 접기 시작했다. 한 번 두 번 종이를 접을 때마다 조이사의 손길이 느껴졌다. 그리고 테이블 위로 짙은 그림자와 함께 퉁명스러운 목소리가 떨어져 내렸다.

"종이학이야?"

"학이 아니라 용이야."

신은 고개를 드는 대신 침착하게 종이접기에 열중하며, 아니 열중하는 척하며 말을 받았다. 신은 옛 친구의 얼굴을 보기가 두려웠다. 드르륵. 맞은편 의자를 끌어당겨 자리에 앉는 소리가 들렸다. 천우는 종이가 용이 되어가는 모습을 묵묵히 지켜보았다.

"용이라기보다는 도마뱀 같은데."

"원래는 용이었지. 펼쳤을 때는 네모난 종이였고, 다시 접었을 때는 바싹 마른 도마뱀이 되어버렸지."

"그놈의 말하는 폼은 여전하네."

신은 종이접기를 마치고 고개를 들었다. 천우의 얼굴이 보였다.

"……."

둘은 서로의 얼굴을 한참 동안 바라보았다. 신은 테이블 건너 서른 중반으로 접어든 천우를 살폈다. 기억 속의 미소년은 찾을 수 없었지만, 여전히 매력적인 얼굴이었다.

"반갑다."

두 사람은 악수를 나눴다. 그리고 습관처럼 명함을 교환했다. 이제는 학생이 아니라 사회생활에 능숙한 비즈니스맨들이었다.

신의 명함을 확인한 천우가 아랫입술을 깨물었다. 그것은 옛 친구의 버릇이었다. 어려운 문제를 풀거나 골치가 아플 때 짓던. 원더랜드의 로고를 뚫어지게 응시하던 천우가 입을 열었다.

"얼마 만이지? 군대 간 뒤로 못 봤으니까 한 10년쯤 됐나?"

"벌써 그렇게 됐나…."

대화는 겉돌았다. 10년의 긴 시간을 한꺼번에 거슬러 오르기는 힘든 법이었다.

"나갈까?"

둘은 동시에 일어났다. 입구로 나가는 천우의 등을 보고 있자니 신은 조금 쓸쓸해졌다. 회사 앞 카페에서 경쟁사 직원과 만나는 모습을 보이기 싫었으리라. 옛 친구와 재회한 신의 두려움은 이런 것이었다. 마음을 주고받던 친구에게 실망할 것 같은 두려움. 그리고 자신도 친구에게 실망을 줄 것 같은 더 큰 두려움….

카페를 나온 두 사람은 천우의 BMW 은색 스포츠카에 올랐다. 키를 돌리자 베이스 기타처럼 묵직한 소리를 내며 시동이 걸렸다. 천우의 외모만큼이나 근사한 차였다. BMW가 가볍게 8차선 도로로 진입했다.

"이런 차를 볼 때마다 도대체 누가 타나 했는데 주인공이 여기 있었군."

"달라니까 주더라고. 우리 장인, 수입차 오퍼상인데 초창기에는 갈고리로 돈을 긁어모았지."

"대단한 차에, 대단한 장인이로군."

양쪽의 창문이 내려갔다. 천우는 담배를 피우기 위해, 신은 담배연기를 피하기 위해서였다. 천우가 무심하게 물었다.

"어디로 갈까?"

어디로 가야 할까? 신은 선뜻 대답할 수 없었다. 10년 만에 만난 친구와 어디를 가야 잘 가는 걸까? 대폿집에서 소주 한잔에 추억을 반추해야 할까, 아니면 최고급 일식집을 찾아 현재의 나를 자랑해야 할까? 어색한 침묵이 이어졌다.

신의 꽉 막힌 머릿속처럼 퇴근 시간의 테헤란로는 정체되어 있었다. 그때 답답한 차량 행렬 사이로 오토바이 한 대가 바람처럼 지나갔다. 그리고 오래된 기억 속으로도 오토바이가 달려갔다.

수학능력시험을 마친 주말, 신과 천우는 중고 오토바이 매장에서 200CC 오토바이 한 대를 빌렸다. 당시 그는 체 게바라의 오토바이 여행에 경도되어 있었고, 천우는 피터 폰다가 나오는 〈이지라이더〉라는 로드무비에 푹 빠져 있었다.

열아홉 두 소년은 동쪽을 향해 출발했다. 뚜렷한 일정도 목적지도 없는 여행이었다. 둘은 오토바이에 몸을 실은 채 3일 동안 초겨울의 해안도로를 달렸다.

생각만큼 낭만적인 여행은 아니었다. 천우는 〈탑건〉에서 톰 크루즈가 걸쳤던 공군 가죽점퍼 차림이었고, 신은 오리털 파커를 입고 있었다. 둘 다 겨울바람을 막기엔 역부족이었다. 난생처음 겪는 엄청난 추위였지만 둘은 달리고 또 달렸다. 말도 생각도 필요치 않았다. 오직 추위와 속도, 그리고 고독만으로 가득 찬 레이스였다.

신은 그때를 떠올릴 때마다 가슴을 쓸어내렸다. 겨울 빙판에 미끄러져 죽을 뻔한 고비가 수차례였다. 생각할수록 멍청하고 무모한 짓이었다. 하지만 그때 두 소년에게는 어떤 이유보다도 설명할 수 없는 기분이 더 가치 있는 것이었다.

신은 천우를 돌아보았다. 오토바이를 좇는 천우 역시 옛 기억을 떠올리는지 몰랐다.

"그곳… 아직도 그대로겠지."

"글쎄, 모르겠어. 졸업하고 가본 적 있어?"

"아니."

"나도."

잠시 눈동자가 흔들리던 천우의 얼굴에, 갑자기 악동 같은 장난기가 그려졌다.

"확인해볼까?"

천우는 자율학습을 땡땡이치자고 할 때의 옛날 그 표정으로 신을 보고는, 대답도 듣지 않고 좌회전 차선으로 핸들을 꺾었다.

"10년 만에 만나서 양복 차림으로 야산을 오를 줄 누가 알았겠냐?"

천우가 키득대면서도 부지런히 앞장을 섰다. 신과 천우가 향하는 곳은 바로 그들이 졸업한 고등학교 뒷산이었다. 그리고 등산로에서 벗어나 어른들의 눈을 피하기에 안성맞춤인 곳에 그들의 목적지, 용바위가 있었다.

모범생으로 통하던 천우에게는 일탈의 장소가 필요했고, 신은 부모님이 없는 집에 들어가고 싶지 않았다. 수업이 끝나면 둘은 종종 용바위에 올랐다. 아래로 외곽도로가 나 있어, 날이 어둑해지면 가로등과 헤드라이트 불빛들이 은은한 조명 역할을 하는 여러모로 훌륭한 아지트였다.

두 사람은 저물어가는 노을을 바라보며 영화 속 주인공처럼 맛도 모르는 담배를 피워 물거나, 집에서 몰래 가지고 온 독한 양주를 홀짝이며 끝없이, 끝없이 이야기를 나눴다.

마침내 용바위까지 오른 천우가 손바닥으로 바위의 등을 두드렸다.

"역시. 아직도 그대로 있군."

"바위니까."

"그래도. 요즘은 뭐든지 빠르게 변하는 시대잖아."

천우의 말이 맞았다. 사물도 변하고 시선도 변한다. 용바위는 그 자리 그대로 지키고 있었지만 그때 그 바위는 아닌 것 같았다. 고등학생 때나 지금이나 신의 키는 비슷했지만 용바위는 예전만큼 커 보이지 않았다.

천우와 신은 나무에 등을 기대고 주저앉았다. 그리고 가지고 올라온 맥주캔을 땄다. 주택가 불빛들이 하나둘 불을 밝히고 있었다. 천우가 손가락으로 황금색 지포라이터를 돌리며 물었다.

"그동안 왜 연락 안 했어?"

"그냥… 살다 보니까."

할 말이 없었다. 왜 연락을 끊었는지 기억조차 나지 않았다.

"살다 보니까? 거참 편한 말이군."

"천우 너는?"

"내 핑계 대지 마. 제대하고 가족보다 먼저 연락한 사람이 너니까. 하지만 넌 바쁘다고 나오지 않았지. 복학한 뒤에도 몇 번이나 전화했지만 넌 요리조리 잘도 빠져나가더군. 자존심이 상해서 너한테 연락 올 때까지 기다렸지. 그리고 이렇게 10년이 흐른 거야. …그런데 갑자기 무슨 바람이 불어 날 보자고 했지?"

천우가 깊이 담배를 빨며 물었다.

"부업으로 헬스기구 다단계를 하는데 머릿수가 모자라서."

신의 말에 천우가 얼굴을 찌푸렸다.

"요즘은 말이야, 그런 게 농담으로 들리지 않아. 서른 넘으니까 누군가를 만날 때마다 다들 이유가 있더군. …원더랜드와 관련된 일이야?"

신이 천천히 고개를 끄덕이자 천우가 어금니를 깨물었다. 그리고 차가운 얼굴로 신을 응시했다.

"스카우트 제의는 아닐 테고. 설마 나한테 산업스파이 비슷한 짓을 하려는 건 아니겠지?"

천우의 말에 신의 입에서 피식 웃음이 새어 나왔다. 웃을 생각은 없었지만 스파이란 말은 너무 우스꽝스러웠다.

"농담 아냐. 얼마 전에 우리 회사에서 기획한 프로젝트가 중국 쪽에 통째로 넘어갔어. 정말로 웃긴 건 아직도 범인이 누구인지 모른다는 거야. 지금 그린펫은 보안에 민감해져 있어. 물론 나도 그렇고."

"그래서 급한 마음에 카페에서 일어났구나. 괜히 회사 근처에서 얼쩡거리다 원더랜드 직원과 함께 있는 것이 목격될까 무서워서.”

"신우현, 너 정말!"

담배연기가 나뭇가지 사이로 흩어졌다.

'어쩌다 이렇게 멀어져버렸을까…?'

하기야 10년 동안 연락을 끊었던 친구가 갑자기 불러내 경쟁사의 명함을 내민다면 그럴 수밖에 없을지도 몰랐다. 10년이면 바위마저 변한다. 사람이라면 스무 번도 더 변할 수 있었다.

"천우, 너에게 하고 싶은 이야기가 있어."

신은 천우에게 조이사와의 기묘한 거래에 대해 찬찬히 털어놓았다. 그럴 계획은 없었지만 솔직히 말해야 할 것 같았다. 아니, 말하고 싶었다. 속마음을 털어놓는 것, 여기엔 관성 같은 것이 있었다. 한 번 마음을 연 사람에겐 마음의 문을 다시 열고 싶어지는 습성. 마음은 옛 친구를 기억하고 있었다.

비밀을 말하고 나니, 〈임금님 귀는 당나귀 귀〉에 나오는 두건장이의 기분을 알 것 같았다. 신은 시원하게 숨을 내쉬며 반신반의하는 천우를 향해 말했다.

"믿지 않아도 좋아. 살다 보니 세상엔 정말 별의별 일이 다 있더라. 대개는 좋지 않은 사건들이지만…."

산비탈 아래에서 트럭이 굉음을 내며 지나갔다. 신의 말을 묵묵히 듣고 있던 천우가 캔맥주를 마시며 웃었다.

"경영권 전쟁, 위임장, 숨겨진 창업주, 리포트, 관계라… 정말 별의별 일이 다 있구나. 그런데 조이사라는 분이 말하는 관계가 뭔진 잘 모르겠지만 말이야, 사람들을 많이 만난다고 꼭 좋은 건 아닐 거야. 미국에 있을 때 인맥 생성 관리 프로그램을 들은 적이 있어. 그쪽으론 꽤 이름을 날린 강사였는데 마지막에 이렇게 말하더군."

새로운 인맥을 만드는 것보다는 기존의 인맥을 관리하는 것이 더욱 효과적이다. 인맥의 과부하로 인생을 낭비 마라. 인맥을 양이 아닌 질로 측정하라. 만 명의 인맥보다 마음을 나눌 수 있는 한 명의 친구가 더 가치 있다. 그런 친구를 가지고 있다면 당신은 성공한 것이다.

"의외였지. 두 시간 동안 인맥 만드는 법을 가르치더니 마지막엔 한 명으로 족하다니. 그런데 곱씹을수록 맞는 말 같더라고. 너도 알다시피 나도 사람이야 넘칠 만큼 만나고 다녔지. 하지만 어느 순간부터는 연락이 끊기고 흐지부지되더군. 비즈니스 관계는 말할 필요도 없지. 매일 수많은 사람들과 만나지만 진정한 만남은 거의 없어. 쉴 새 없이 대화를 나누지만 소통은 아닌 거야. 평소에는 '인생 뭐 별거 있어' 하고 대수롭잖게 생각하다가… 어느 날 문득 그런 생각이 들어. 사막 위에 혼자 서 있다고. 사람이 그리워서 목이 마르지."

천우는 캔맥주를 깨끗하게 비운 뒤 말을 이었다.

"작년 명절 연휴 때였어. 밤에 잠이 오질 않아 소파에 누워 TV를 켰지. 추석 특집으로 〈친구〉라는 영화를 해주더군. 800만이나 본 영화라지만 난 조폭 영화는 안 좋아해서 처음엔 별로였어. 그런데 말이야, 다 보고 나니까 그 영화, 묘하게 마음을 흔들지 뭐야. 자정이 훌쩍 넘었는데 정신은 이상하리만치 또렷해졌지. 도저히 잠이 오지 않았어. 결국 밖으로 나와 차를 몰았어. 어디 갔냐고? 너희 집에 갔지."

"우리 집에 왔었다고?"

신은 깜짝 놀라 천우를 보았다.

"그래, 영화를 보고 새벽 2시에 옛 친구의 집을 찾아갔으니 나도 미친놈이지. 그런데 막상 대문을 두드릴 수가 없더라. 10년이란 세월은 그런 거였어."

가로등 불빛 아래 천우가 대문 앞을 서성이는 모습이 그려졌다. 참으로 쓸쓸한 그림이었다.

"어떤 사람들은 '한번 친구는 영원한 친구'라고 말하지만 그건 틀린 말이야. 세상에 변하지 않는 것은 없어. 우리는 10년 동안 우리의 **관계를 위해 아무런 노력도 하지 않았어.** 우리는 관계를 방치해버린 거야."

자동차 불빛이 천우의 얼굴을 스치고 지나갔다. 어쩌다 이렇게 무심해졌을까? 단지 게을렀던 것이다. 신은 가장 소중한 친구에게조차 무성의했던 지난날이 뼈저리게 아팠다.

신은 이제야 환경도 성격도 다른 두 소년이 어떻게 친구가 되었는지 알 것 같았다. 바로 마음이었다. 목적이 있고 계산을 해서 친구가 된 것이 아니었다. 그저 서로가 마음에 들었기 때문이었다. 그것이 친구가 되는 조건의 전부였다. 그 시절이 아름다웠던 이유였다.

"그만 내려갈까? 담배도 다 떨어졌고."

천우의 말에 신이 무언가 떠오른 듯 천우를 잡았다. 그러고는 단단한 나뭇가지를 주워 근처의 땅을 파기 시작했다. 멀거니 그 모습을 보던 천우도 탄성을 지르더니 팔을 걷어붙이고 함께 땅을 팠다. 얼마 후 나뭇가지 끝에 무언가 걸리는 듯했다.

"세상에! 아직도 있어."

신과 천우는 보물상자를 발견한 해적들처럼 환호성을 질렀다. 땅속에 묻혀 있던 것은 보물상자가 아니라, 양철통이었다. 군데군데 녹이 슨 것을 제외하고는 온전했다. 천우가 조심스럽게 뚜껑을 열자 포장을 뜯지 않은 디스 담배 세 갑이 누워 있었다. 오랫동안 양철통 안의 내용물을 보던 천우가 탄성을 터뜨렸다.

"아직도 그대로 있어."

"그래. 방치했지만 훼손되진 않았어. 아직까진."

신은 '우리 관계도 그렇지 않을까?'라는 말을 입속에서 중얼거려보았다. 천우는 용바위에 기대앉아 10년 넘게 땅속에 묻혀 있던 디스 담배를 피웠다. 담배 연기에서 젖은 나뭇잎을 태우는 냄새가 났다. 하지만 남아 있어줘서 고마웠다.

'언제나 천우가 먼저 다가왔지. 하지만 이젠 내 차례야. 내가 먼저 다가가야 해….'

신은 용바위를 보며 용기를 얻었다.

"다시 오토바이 여행 가지 않을래?"

천우가 담배를 비며 끄며 피식 웃었다.

"진담이야?"

"10년 동안 오토바이를 볼 때마다 그 생각을 했어."

진지한 신의 얼굴을 확인한 천우의 입가에 미소가 번졌다.

"이번 주말에는 장인하고 하루 종일 바둑을 둬야겠는걸. 할리데이비슨을 두 대나 빌리려면 말이야."

"그렇게 거창한 물건은 필요 없어."

"아니야. 꼭 할리데이비슨이어야 해. 손잡이가 머리보다 높은 발칸을 타는 거야. 그리고 〈이지라이더〉처럼 달리는 거지. 그러다 밤이 되면 바다낚시를 하자. 낚싯대도 내가 준비해놓지. 넌 머리에 두건만 쓰면 돼."

"두건?"

"나 혼자 쓰면 창피하니까. 날 위해 두건을 써줄 놈은 너밖에 없거든."

천우가 손가락으로 머리를 가리키며 환하게 웃었다.

가로등 불빛이 산자락 아래의 도로 위로 떨어지고 있었다. 텅 빈 아스팔트 도로가 어서 달리라고 재촉하는 것 같았다. 신은 짐칸에 낚싯대를 실은 두 대의 오토바이를 상상했다. 그리고 두 명의 라이더를 상상했다. 머리에 두건을 쓴 오랜 친구가 바다를 향해 달리고 있었다.

"관계가 끊어지면 모든 걸 잃는 거야….
물론 힘들고 고통스럽겠지. 하지만 관계의 끈을 놓아서는 안 되네.
상처를 주는 것도 인간이지만,
상처를 치유해줄 유일한 약도 인간이라네.
그게 인생이야."

배신

마지막 리포트는 직접 전하지 못했다. 신은 일요일에 요양원을 찾아갔지만 조이사를 만날 수 없었다. 요양원 직원은 '면회 금지'라고 딱 잘라 말하고선 더 이상 아무런 설명도 해주지 않았다. 신은 할 수 없이 로비에 리포트를 남기고 서울로 돌아왔다. 조이사를 못 만나긴 했지만, 4개의 리포트를 다 완성하고 나니 대입 시험을 끝낸 것처럼 홀가분했다.

월요일 아침, 도로는 언제나처럼 차들로 넘쳐나고 있었다. 하지만 신은 짜증을 내지도 클랙슨을 울리지도 않았다. 오히려 제목도 모르는 라디오 음악에 맞춰 노래를 흥얼거렸다. 위임장 문제도 RV-프로젝트도 순풍에 돛단배였다. 무엇보다 신은 인간에 대한 미움이 사라져가는 자신을 깨닫는 게 즐거웠다. 그동안 굳게 닫혀 있던 마음의 문이 조금씩 빗장을 여는 것이, 열린 문 틈으로 옛 친구가 다가오고, 다른 사람과의 만남이 가져다주는 행복이 그를 설레게 했다.

'그래, 과민반응이었는지도 몰라. 세상에 날 상처 주기 위해 자기 인생을 낭비하는 사람은 없어. 어쩌면 인생은 즐거운 것일 수도 있어.'

차창 밖으로 보이는 가로수들마저 그를 향해 반갑게 손을 흔드는 듯했다.

"좋은 아침이야. 다들 주말 잘 보냈어?"

사무실에 도착한 신은 팀원들을 향해 활기차게 인사를 건넸다. 신은 관계 지향적인 인간이 되기 위한 첫 단추를 웃음으로 꿰었다. 막상 해보니 돈도 안 들고 기분도 썩 괜찮았다.

그런데 이상한 일이었다. 한자리에 모여 있던 서윤경과 김대리, 영란이 말없이 서로의 눈치를 살피고만 있었다.

"왜들 그래?"

신이 웃으며 물었지만 팀원들은 마주 웃지 않았다. 오히려 침통한 얼굴이었다. '왜 웃음이 웃음으로 돌아오지 않지?' 마법처럼 들어맞던 조이사의 법칙이 오늘은 통하지 않았다.

"어제 왜 전화 안 받으셨어요?"

"배터리가 나간 걸 깜박했어. 왜, 무슨 일이야?"

신이 되묻자 김대리가 길게 한숨을 쉬더니 자리에서 일어났다. 신의 시야에 컴퓨터 모니터가 들어왔다. 미국계 거대 완구업체인 '뉴토이월드'의 영문 사이트가 보였다. 서윤경이 마우스를 클릭하자 신상품 안내를 알리는 동영상이 시작됐다.

VC가 여러분을 새로운 세계로 안내합니다.
VC 게임기에 캐릭터카드를 넣으세요.
캐릭터를 조종하여 상대방의 카드를 획득하세요.
최대 8명까지 게임에 참가할 수 있습니다.
600종의 캐릭터카드가 당신을 기다리고 있습니다.

"어, 어떻게…!"

뉴토이월드의 신상품을 보던 신의 얼굴에서 순식간에 넋이 빠졌다. 명칭과 디자인만 다를 뿐, 모든 게임 구성이 RV와 똑같았다! 상상력이 비슷할 수는 있어도 의도까지 똑같을 수는 없었다. 제아무리 디자인을 바꾸고 덧칠을 해도 원작자에겐 그 뼈대가 고스란히 보이는 법이다. 그것은 RV의 명백한 카피였다. 신은 불길한 예감에 오탁의 책상으로 고개를 돌렸다. 오탁의 책상은

말끔하게 정리되어 있었다.

"아닐 거야. 그럴 리가….'"

등줄기로 차가운 땀이 흘러내렸다. 공황 상태에 빠진 신에게 서윤경의 목소리가 들려왔다.

"기획이사님이 기다리고 계세요. 빨리 가보시는 게 좋을 것 같아요."

이사실의 문은 신을 기다리고 있었다는 듯 3분의 1정도 열려 있었다. 신은 노크 없이 조용히 안으로 들어갔다. 기획이사는 네모반듯하게 접은 하얀 수건을 들고 난초를 닦고 있었다. 마치 칼을 손질하는 사무라이 같았다.

"오탁 그 친구 맞지?"

"아직까지 밝혀진 건 아무것도 없습니다."

신은 오탁을 믿고 싶었다. 기획이사가 분무기를 책상 위에 내리찍었다.

"정신 차려! 자네 팀원이 기밀을 팔아넘기고 해외로 도주한 게 뻔히 보이는데 무슨 헛소리야! 회사에서 2년 동안 추진한 프로젝트가 날아가버렸다고! 알아듣겠어? 아무튼 사람을 풀었으니 곧 진실이 밝혀지겠지. 동료인지 배신자인지."

신은 아무 말도 할 수 없었다. 기획이사가 뱀처럼 차갑게 신을 노려보았다.

"실수로 넘기기에는 이번 프로젝트에 시간도 비용도 너무 많이 들였어. 그러니 누군가는 책임을 져야 하지 않겠어? 곧 진상위원회가 소집될 거야. 위원회 책임자는 내가 맡기로 했지."

신의 얼굴이 새파래졌다. 예상대로 칼날은 신에게 돌아왔다. 진상보다 징계에 초점을 두는 위원회가 될 게 분명했다. 신의 표정을 확인한 기획이사가 흡족한 미소를 지으며 난에 계속 물을 주었다.

쐬악, 쐬악, 분무기 소리가 무심하게 이어졌다. 수많은 물방울들이 햇빛에 반사되어 빛을 냈다.

"행여 작은 백이사가 자넬 지켜줄 거라 기대하진 마. 그놈, 어렸을 때부터 봐왔지만 싹수가 아주 노래. 의리란 단어조차 모를걸. 자네 말이야, 팀장 주제에 너무 나섰어."

신은 휘청거리며 자리에서 일어났다.

"넌 썩은 동아줄을 잡은 거야."

사무실로 돌아온 신은 텅 빈 회의실로 들어갔다. 그리고 쓰러지듯 의자에 앉아 담배를 피워 물었다. 팀원들이 속속 회의실로 들어왔다. 서윤경이 담배 연기가 답답한지 회의실 창문을 열며 물었다.

"괜찮으세요? 이사님도 오탁이라고 하시죠?"

"아직 밝혀진 사실은 아무것도 없어. 어찌 됐든 우리 팀원이었으니까 끝까지 믿어봐야지."

김대리가 답답한 듯 가슴을 쳤다.

"팀장님, 지금 그렇게 한가할 때가 아닙니다. 2년 동안 고생한 게 다 날아가게 생겼다고요! 그동안 야근을 몇 번이나 했는데요. 이건 오탁이 아니면 설명이 안 돼요."

그래도 신은 믿고 싶었다. 오탁을 위해서가 아니었다. 오탁의 배신이 사실이라면… 신은 예감했다. 앞으로 누구도 믿지 못하리라는 것을. 예전보다 더욱 단단하게 세상을 향한 문이 닫히리라는 것을. 신은 그때로 돌아가고 싶지 않았다.

"이상한 게 한두 가지가 아니에요. 어제 오탁 본가에 전화했더니 미국 연락처를 모른다고 딱 잡아떼지 뭐예요. 가족이 모른다는 게 말이 돼요? 영란씨는 이상한 낌새 같은 거 못 느꼈어? 우리 중에서는 그나마 오탁하고 친했잖아."

"그렇게 친하진 않았는데… 얼마 전에 프로젝트에 관련해서 이상한 말을 한 적은 있어요."

김대리와 서윤경이 눈을 번쩍였다. 영란이 신의 눈치를 살피며 떠듬떠듬 이야기를 했다.

"RV-프로젝트, 원래는 자기 아이디어였는데 팀장님이… 빼앗아 갔다고…."

"그 자식 미친 거 아냐! RV-프로젝트 신팀장님이 몇 년 전부터 기획해왔던 걸 세상이 다 아는데 자기가 기획했다 그랬다고?"

기가 막혔다. 오탁이 한 일이라고는 게임 모니터링과 캐릭터 카드 수정이 전부였다. 그 수정마저도 속이 빤히 보이는 일본 풍의 카피였기 때문에 디자인팀에서 재수정을 해야 했다.

"보세요, 오탁이 틀림없잖아요. 진상위원회에서 시나리오를 만들기 전에 우리가 먼저 손을 써야 해요."

신이 떨리는 손으로 다시 담배를 꺼내 물자 서윤경이 목소리를 높였다.

"제발 담배 좀 끄세요! 이럴 때일수록 팀장님이 중심을 잡으셔야죠!"

"지금 나한테 훈계라도 하겠다는 거야!"

"그게 아니잖아요. 어떻게든 힘을 합쳐 대책을 마련해야죠."

"걱정 마. 자네들 자리는 지키게 해줄 테니까."

"팀장님!"

신은 어금니를 깨문 채 담뱃갑을 손으로 으스러뜨렸다.

"우리는 팀장님과 함께할 거예요."

영란의 목소리가 들렸지만, 신의 눈앞은 온통 암흑뿐이었다. 그 속에서 신은 다시 혼자가 됐다. 선택의 순간이었다. 오탁을 계속 믿을 것인가, 말 것인가? 인간을 믿을 것인가, 말 것인가? 팀원들을 이끌고 위기를 헤쳐나갈 것인가? 아니면, 자기 자신만을 믿을 것인가?

신은 눈을 떴다. 눈을 떴을 때 그의 얼굴은 이미 달라져 있었다. 모든 것이 명백했다.

"나와 함께한다고? 참 감동적인 이야기군."

신은 미련 없이 회의실을 빠져나갔다. 명백하게, 인간은, 혼자였다.

오후가 되자 진상이 드러나기 시작했다. 오탁이 미국으로 건너간 이유는 유학 목적이 아니었다. 그는 현재 산업연수생 자격으로 미국의 홍보 대행 사이트에서 일하고 있었다. 그곳은 뉴토이월드의 자회사였다. 오탁은 오래전부터 철저한 계획하에 RV-프로젝트 파일을 브로커에게 넘겼던 것이다. 그야말로 왕따의 무서운 복수극이었다.

"작은 백이사님을 만나게 해주십시오!"

신의 목소리가 지하주차장에 울렸다. 차 안에서, 운전석에 앉아 있던 홍보부장은 밀봉하듯 창문을 완전히 닫았다.

"지금은 주주들을 만나고 있네. 알다시피 주주총회가 얼마 남지 않았거든."

"진상위원회 책임자가 기획이사라는 사실을 알고 계십니까?"

"그렇게 됐더군."

"그렇게 됐다고요?"

신은 조수석의 유리를 힘껏 쳤다. 그러자 홍보부장처럼 네모 반듯한 세단이 흔들렸다.

"진상위원회 책임자를 바꿔주십시오!"

"나는 그럴 힘이 없네. 유리를 깨도 어쩔 수 없어."

RV-프로젝트가 날아가버린 상황에서 최후의 보루는 작은 백이사였다. 위임장이 있는 한, 그는 신을 보호해야만 했다.

"위임장을 포기하실 겁니까? 총 주식의 14.25%면 큰 백이사 쪽에서도 군침을 흘릴 텐데요."

신이 으름장을 놓았다. 하지만 홍보부장은 아무런 반응도 보이지 않았다. 오히려 더 침착해진 인상이었다.

"지난주에 조이사님을 만났나?"

그의 말투에서 불길한 기운이 감돌았다.

"면회 금지라고 하더군요."

"자넨 정말 아무것도 모르는군."

"제가 뭘 모른단 말씀입니까?"

"이번 일에서 손 떼게."

청천벽력 같은 소리에 신은 입을 다물지 못했다.

"절 믿는다고 하지 않으셨습니까?"

"미안하네. 게임의 판도가 바뀌어버렸어."

홍보부장이 운전대 위에 두 손을 올려놓았다.

"결국 아버지는 자식한테 지게 되어 있어. 지금 조이사님의 장남이 일선에 나서고 있네. 믿는 구석이 있으니까 나서는 거겠지. 벌써 그쪽에 사람을 붙여놨어."

"그럴 리가 없습니다. 조이사님은 저와 약속을…."

신은 더 이상 말을 잇지 못했다. 오랫동안 옆자리에서 함께 일했던 오탁조차 자신을 배신했다. 하물며 만난 지 2개월도 안 된 조이사가 아들 대신 자신을 선택할 리 만무했다. 그렇다고 계약서를 쓴 것도 아니었다.

"난 자네를 좋아했네. 일처리하는 것도 마음에 들고, 스타일도 나와 맞았지. 사람들은 자네를 보고 인간미가 없다고들 했지만, 나한텐 보였어. 자네가 투쟁하듯 소중한 걸 지킨다는 걸. 하지만 일이 이렇게 되어버렸어."

홍보부장은 마침표를 찍듯 말했다.

"이렇게 돼버린 거야."

홍보부장이 시동을 걸었다. 신은 홍보부장의 옆얼굴을 쳐다봤지만 언제나 그렇듯 아무것도 읽을 수 없었다. 신은 패잔병처럼 차에서 내렸다. 홍보부장의 세단이 조용히 출구를 향해 올라갔다.

지하주차장의 냉기가 덮쳐왔다. 신은 어디로 가야 할지 막막했다.

담장을 넘다

혼자인 사람한테는 누구보다도 자기관리가 중요하다. 조금만 긴장을 풀어도 생활은 금세 망가진다. 한번 망가지기 시작하면 인생도 대책 없이 망가진다. 막아줄 사람도, 원래의 자리로 끌어줄 사람도 없다. 오직 혼자다. 그래서 바람막이가 없는 사람들은 시계처럼 살아야 한다. 어떤 시계냐 하면, 한 번만 밥을 안 주면 영원히 고장 나버리는 시계다. 무슨 일이 있어도 시계밥은 꼭 줘야 한다. 그러기 위해서는 언제나 정신을 바짝 차려야 한다. 신도 그렇게 살아왔다. 시계밥을 주듯 자신을 조이고 또 조여왔다. 오늘 오후 2시까지는 그랬다.

회사 일을 팽개치고 한옥집에 도착한 시각은 오후 2시였다. 집에 오면 항상 깨끗한 물을 마셨던 신은, 오늘은 냉장고가 아니라 마루에 세워진 양주 진열대를 열었다. 신은 절반 가까이 남은 발렌타인의 뚜껑을 열고 잔도 없이 입안에 들이부었다. 속에서 불길이 치솟았다. 신은 불길을 잡기 위해 다시 술을 부었다. 그것이 몇 차례 반복되자 발렌타인은 바닥을 드러냈다. 신은 발렌타인병을 바닥에 내던지고 양주 진열대에서 또 다른 술을 꺼냈다. 칠레산 적포도주였다. 약술로 가끔 마셨던 술인데 괜히 입맛만 버린 것 같았다.

'웰빙이라…'

신은 포도주병을 툇마루에 던졌다. 쨍그랑, 소리가 시원했다. 신은 투명한 보드카병을 꺼내 들고 안방으로 들어갔다. 병뚜껑을 열자 공업용 알코올 냄새가 알싸하게 풍겼다. 10달러도 안 되는 싸구려였지만 한 모금 들이켜자 진가가 드러났다. 오로지 사람을 취하게 하기 위해 제조된 술이었다. 세 모금을 채 들이켜기도 전에 신은 쓰러지고 말았다. 어시장 바닥에 떨어진 생선처럼, 신은 차가운 방바닥에 얼굴을 구긴 채 입술을 뻐끔거렸다.

"조이사… 당신이 틀렸어…."

먼 숲에서 딱따구리가 나무를 쪼는 것 같은 소리가 들렸다. 한옥집 주변엔 숲도 딱따구리도 없었다. 게슴츠레 눈을 떠보니, 핸드폰 불빛이 요란하게 방을 밝히고 있었다. 신은 핸드폰이 제 풀에 죽어 꺼질 때까지 내버려두었다.

'알아서들 하라고. 나도 아무것도 바라지 않을 테니까.'

신은 어두운 천장을 응시했다. 눈을 두어 번 깜박이자 다시 핸드폰 벨이 울렸다. 신은 외면하듯 고개를 돌렸다. 1분 지나자 멜로디가 잠잠해졌다. 신은 눈을 감았다. 그러자 약 올리듯 다시 벨이 울렸다.

'날 좀 내버려둬!'

신은 신경질적으로 핸드폰을 향해 팔을 뻗었다. 전원 버튼을 누르려는데 액정에 뜬 발신 전화번호가 심상치 않았다. 신은 천천히 핸드폰을 귀에 가져갔다. 곧 익숙한 목소리가 들려왔다.

"그동안 잘 지냈나?"

신은 아무 말도 하지 않았다.

"지금 이쪽으로 와줘야겠네."

신은 귀에서 핸드폰을 떼고 액정을 보았다. 밤 9시였다.

"제가 왜 가야 하죠?"

"날 도와줘야 하니까."

"도와달라고요? 그걸 지금 말이라고 하십니까?"

전화기 너머로 기침 소리가 들렸다. 내장이 입 밖으로 튀어나올 것 같은 처절한 기침이었다.

"오늘밖에 시간이 없어. 오늘이 마지막이야…"

힘겨운 기침 소리와 함께 전화가 끊어졌다. 뚜– 신호음이 울리는 핸드폰이 역기처럼 무겁게 느껴졌다. 신은 팔을 내리고 벽에 등을 기댔다. 마지막이라는 말이 귀에서 지워지지 않았다.

"능구렁이 같은 영감탱이!"

신은 뒤통수를 벽에 찧었다. 쿵. 머리가 울렸다.

자정이 가까워오고 있었다. 신은 요양원 담장 앞에 차를 세웠다. 라이트를 켜둔 채 차에서 내렸다. 담장을 두리번거리던 신은 조이사가 보낸 문자메시지를 확인했다.

> '요양원 남쪽, 개오동나무가 보이는 담장 앞에서 대기할 것.
> 필히 엄숙 요함.'

담장 너머로 가로등 불빛이 띄엄띄엄 새어 나왔지만 좀처럼 사물을 식별하기가 어려웠다. 게다가 개오동나무라니. 신은 천천히 담장을 따라 걸었다. 발길을 옮길 때마다 낙엽들이 바스락거렸다. 그러다 뚝! 발밑에서 마른 나뭇가지가 부러졌다. 잠깐 동안 신은 베를린 장벽 밖에서 접선을 시도하는 스파이를 연상했다. 하지만 신은 알고 있었다. 실제 스파이는 007처럼 턱시도를 입은 호남이 아니라 오탁 같은 비열한 사기꾼에 불과하다는 사실을.

"쿨럭쿨럭…."

신이 지나쳐 온 담장 쪽에서 기침 소리가 들렸다. 몸을 돌리자 담장 위에 하얀 마스크를 쓴 원숭이가 보였다. 신은 원숭이가 앉아 있는 담장 쪽으로 걸어갔다. 쿨럭. 원숭이가 또 한 번 기침을 했다. 가까이서 보니 원숭이가 아니라 조이사였다.

"도대체 담장 위에서 뭘 하시는 겁니까?"

"외출 금지라 이렇게 됐어. 그런데 어디서 서성였던 겐가? 내가 개오동나무라고 하지 않았나."

"젠장! 제가 개오동나무를 알 턱이 없잖습니까?"

"허허. 서울 촌놈이군."

조이사가 담장 아래로 지팡이를 던졌다.

"날 받아줘."

조이사가 담장 위에 팔을 기댄 채 두 발을 내렸다. 노인의 온몸이 부르르르 떨렸다. 신은 어깨로 조이사의 발을 받치고 조금씩 그를 내려주었다. 조이사는 앙골라 토끼만큼 가벼웠다.

바닥에 내려온 조이사는 옷을 툭툭 털고 지팡이를 짚었다.

"가면서 얘기하지. 시간이 별로 없어."

조이사가 마스크를 턱 아래로 내리고 말했다.

"어디를 가시려고요?"

"내 고향 강원도 고성."

"절 가지고 논 것도 모자라 이젠 운전수 노릇까지 시키려는 겁니까? 절 바보로 아십니까?"

"허허, 자네는 바보가 되려면 한참 멀었어."

조이사가 헤드라이트 불빛을 향해 걸어갔다. 웅크린 그의 등 위에 하얀 역광이 그려졌다. 그는 점점 작아지고 있는 것 같았다.

차 안에 들어온 조이사는 마스크를 완전히 벗었다.

"히터 좀 틀어주겠나. 공기가 무겁군."

신은 도저히 공기의 무게를 느낄 수 없었지만, 바로 히터를 틀어주었다. 조이사는 얼음물에 빠졌다가 나온 사람처럼 바들바들 떨고 있었다. 히터 열기가 나오자 조이사는 눈을 감았다. 조는 것 같았다.

"참 태평하시군요."

"약 기운에 취해서 그래. 눈 좀 붙이고 있을 테니 도착하면 알려주게나. 졸음운전 조. 심. 해."

조이사는 마지막 단어를 내뱉고 나서 픽, 고개를 떨구었다. 잠이 들었다기보다는 마취총에 맞고 쓰러진 것 같았다. 꿈조차 꾸지 못할 정도로 지쳐 보였다. 신은 조이사의 고개를 등받이에 기대주었다.

"빨리 일어나셔야 합니다. 당신이 틀렸다고 말하기 위해 이길을 온 거니까."

신이 조이사의 가슴에 안전벨트를 채워주며 말했다.

동행

    목적지에 다가갈수록 안개가 자욱했다. 헤드라이트 불빛은 안개 입자에 가로막혀 산산이 부서졌다. 가시거리는 고작 5m에 불과했다. 표지판도, 반대편 차량도 보이지 않았다. 오직 규칙적으로 나타났다 사라지는 희뿌연 가로등 불빛만이 마법사의 손아귀처럼 안개 속으로 차를 끌어당기고 있었다. 신은 다른 차원의 세상 속으로 진입하는 기분을 느꼈다.

  "안개는 여전하군."

  조이사의 나직한 목소리가 들렸다. 표정을 보니 한참 전에 깨어난 것 같았다.

  "일주일 동안 잘 지냈나?"

  "빨리도 물어보시는군요."

"소문은 들었네."

운전대를 잡은 신의 두 손이 움찔했다.

"원더랜드와는 진작 인연을 끊으신 줄 알았는데요?"

"원더랜드는 나의 분신이나 다름없네. 영향력을 행사하진 않지만 언제나 귀를 열어두지. 오탁이 배신한 게 사실인가?"

신은 쓴웃음을 지었다. 어차피 밝혀질 일이었다.

"친구가 아니라 배신자를 만들었죠. 후련하시겠군요."

"무슨 소린가?"

"명분이 생겼으니까요. 친구를 세 명밖에 못 만들었으니 위임장은 어림도 없다, 뭐 이런 말씀을 하고 싶으시겠죠."

조이사는 가느다란 눈으로 안개 속의 풍경을 바라보았다.

"확실히 그것이 우리의 계약 조건이었지. '네 명의 친구를 만들어야 위임장을 준다', 기억하나?"

"여부가 있겠습니까."

"우회전."

신은 샛길로 차를 돌렸다. 5분 정도 안개를 헤치고 나아가자 황량한 공영주차장이 나타났다. 신은 순찰하듯 주차장을 한 바퀴 돌아보았다. 맨 구석에 폐차 트럭 한 대가 괴기스러운 조형물처럼 잠자고 있었다. 신과 조이사는 차에서 내렸다. 어딘가에서 파도 소리가 들렸지만 바다는 보이지 않았다.

조이사는 지팡이를 짚고 계단을 찾아 내려갔다. 발을 내딛을 때마다 녹슨 철제 계단에서 작은 비명이 들렸다. 신은 조이사를 따라 계단을 밟았다. 잠시 허공에 떠 있는 기분이 들더니 잘그락, 안개에 젖은 돌들이 밟혔다.

조이사는 계단 앞에 세워진 녹슨 안내판을 바라보고 있었다. 오래된 과자봉지처럼 색이 바랜 안내판에는 수많은 인파와 풍성한 모래가 그려져 있었다.

"이 화가는 풍경화가 아니라 상상화를 그렸군요."

이음새가 벌어진 안내판 앞면이 바람에 흔들리며 끼익끼익 기분 나쁜 소리를 냈다.

"상상이 아니야. 예전엔 그림보다 훨씬 아름다운 모래밭이었지."

조이사는 바닥의 돌멩이를 한 움큼 쥐었다.

"하지만 다 유실되어버렸어. 바보 같은 행정가 놈들이 지역 발전이란 명목으로 간척을 하는 바람에 이 지경이 됐지. 전부 다 휩쓸려 가버린 거야."

조이사는 손에 쥔 돌멩이를 하나씩 떨어뜨리며 쇠락한 해수욕장을 걸었다. 자욱한 안개 속을 걸어가는 그의 뒷모습이 어딘지 비현실적으로 보였다. 신은 말없이 그의 형체를 따랐다. 안개 사이로 바다의 윤곽이 드러나기 시작했다.

"여기가 원더랜드의 진원지라네."

조이사는 축축한 흙바닥에 지팡이를 찍었다.

"백회장과 나는 하루 종일 이곳에서 뛰어놀았지. 가난한 어촌이라 장난감은 구경도 못해봤지만 그래도 즐거웠다네. 항상 친구들이 있었으니까."

파도가 철썩거리며 해변을 때렸다. 신은 냉소적인 어투로 대꾸했다.

"과거를 미화하시는군요. 백회장은 가난과는 거리가 먼 인물이었죠. 아버지의 멸치어장에서 돈을 끌어다 원더랜드를 만든 것이고요."

"흔히들 그렇게 알고 있지만 사실이 아닐세. 오히려 백회장네는 찢어지게 가난한 집안이었어. 멸치어장은커녕 멸치나 겨우 밥상에 올리는 형편이었지. 그는 하루에 한 끼밖에 먹지 못했는데, 그것조차 우리 집에서 얻어먹은 것이었지. 고아보다 가난했네."

신은 어리둥절한 얼굴로 조이사를 쳐다보았다.

"자네가 알고 있는 원더랜드의 역사는 조작된 것이네. 독재자의 우상화 작업처럼 백회장은 자신을 미화했지."

신은 잠시 멍한 기분이 들었다. 그러고 보니 원더랜드의 과거에는 이상한 점이 한둘이 아니었다. 신입 오리엔테이션에서 들은 원더랜드의 창립자는 분명 백회장이었다. 모든 사내 기록 역시 그가 창립자로 기재되어 있었다. 하지만 15년차 이상의 임원들은 조이사를 기억하고 있었다. 신도 위임장 문제로 뒤늦게 알게 됐지만, 백회장과 조이사가 공동 오너였다는 사실은 대단한 비밀이 아니었다. 단지 백회장이 무서워서 모두 쉬쉬하고 있었을 뿐이다.

"그럼 죽은 백회장과 조이사님이 공동 창업한 것은 사실입니까?"

조이사의 목구멍에서 헛헛한 바람이 새어 나왔다. 이윽고 그것은 깊은 한숨이 되어 안개 속으로 사라졌다.

"백회장과 나는 둘도 없는 친구였네. 실상 피를 나눈 형제보다 더 가까운 사이였지. 하지만 휴렉과 패커드는 아니었네. 백회장이 워낙 그럴듯하게 과거를 조작해서 나조차도 헷갈릴 때가 있지만, 이 늙은이의 기억이 맞다면 원더랜드는 내가 스물여덟 살에 창업한 것이 맞네. 백회장은 6년 뒤에야 원더랜드에 합류했지. 정확히 말하자면 합류가 아니라 입사였지. 그의 나이 서른넷, 지금의 자네와 같은 나이였지."

조이사는 고개를 돌렸다. 그의 시선은 분명 신을 향하고 있었지만, 왠지 백회장을 바라보는 것 같았다.

"내가 특허를 판 돈을 밑천 삼아 원더랜드를 만들었을 당시, 백회장은 이곳 시장에서 포목점을 하고 있었네. 그는 성실하고 사업 수완이 좋아서 나름대로 알부자 소리까지 들었지. 하지만 서른네 살에는 운이 나빴어. 그는 하루아침에 빈털터리가 되었네. 가장 믿었던 사람에게 사기를 당했지. 다름 아닌…."

"형제에게 당했군요."

조이사는 눈을 껌벅이며 신을 돌아보았다.

"돈이 괴물이었지. 백회장은 자기 힘으로 대학까지 보낸 친동생에게 모든 재산을 빼앗겼네. 그걸 어떻게 알았나?"

아버지의 형제들이 생각났다. 신에게 인간이란 그런 존재였다. 이익을 위해서라면 피붙이끼리도 서로 죽이려 덤벼드는 악귀들. 진짜 괴물은 돈이 아니라 인간이었다.

부드득. 신은 이를 갈았다. 그는 백회장에게 묘한 동질감을 느꼈다.

"무일푼 신세가 된 백회장은 서울로 상경했네. 그리고 나에게 일자리를 부탁했지. 나는 기꺼이 친구의 부탁을 들어주었네. 돈암동에 전셋집도 구해주고 살림살이도 보태주었지. 백회장은 아무리 줘도 아깝지 않은 친구였으니까. 하지만 그 친구를 원더랜드에 입사시킬 마음은 없었네. 친구 밑에서 일하는 것은 여러모로 자존심 상하는 일이니까. 하지만 백회장은 그렇게 생각하지 않았어. 그에게 이미 자존심 따위는 문제가 아니었지. 돌이켜보면 그는 성공으로 가는 가장 빠른 길을 택했던 거야."

"친구가 사장인 상황을 이용했다는 뜻인가요?"

조이사는 긍정도 부정도 아닌 애매한 고갯짓을 했다.

"백회장은 그때 이렇게 말했지. 나에게 진 빚을 원더랜드에서 갚게 해달라고. 결론적으로 백회장은 자신의 약속을 실행해 옮겼네. 그는 어려서부터 장사를 배운 덕에 세상 돌아가는 룰을 꿰뚫고 있었지. 특히 복잡한 문제를 단순하게 만드는 데는 타고난 재주를 가졌어. 마치 혼다가 '자동차가 별거야? 오토바이 두 대에다 프레임을 연결하면 되잖아!' 하고 자동차 사업에 뛰어든 것처럼 그도 무모하고 용감했지."

지팡이를 쥔 조이사의 손등에 파란 힘줄이 솟았다. 그는 흥미진진했던 과거로 돌아간 것 같았다.

"백회장의 수완은 영업에서 빛을 발했네. 그는 철옹성 같은 유통망을 뚫기 시작했지. 문방구에 근근이 납품을 하던 원더랜드는 백회장의 등장으로 전성기를 맞게 됐지. 그는 문방구에서 백화점으로, 백화점에서 해외로 판로를 개척했네. 정말 대단했어. 내가 장난감을 만들면 그는 기어이 다 팔아치우고 말았지. 무서운 게 없던 시절이었어. 우리는 그야말로 성공가도를 달렸지."

파도가 몰락한 해변을 찰싹찰싹 때리고 있었다. 침묵이 길어지자 신은 조이사를 쳐다봤다. 그는 웃고 있었다. 주름진 눈꺼풀 안의 두 눈은 새 구슬처럼 초롱초롱 빛났다. 그러다 짙은 물안개가 조이사의 얼굴을 훑고 지나갔다. 그는 쓸쓸한 얼굴로 돌아가고 말았다.

"나는 원더랜드의 사장이었지만 제품 개발에만 전념한 채 경영의 대부분을 백회장에게 위임했네. 그는 훌륭한 관리자였고 게다가 믿을 수 있는 친구였으니까. 그런데 어느 순간부터 좀 이상해지기 시작했어. 사람들을 만날 때마다 아버지가 멸치어장을 한다는 둥 자기가 유학파라는 둥 쓸데없는 거짓말을 일삼았지. 심지어 과거를 빤히 알고 있는 나를 속이려고도 했네. 어떤 때는 좀 으스스하더군. 하지만 난 대수롭지 않게 여기려고 애썼네. 어찌 됐든 원더랜드는 잘 돌아갔으니까. 이상한 거짓말도 사업 수완의 일부라 여겼지. 하지만 그것이 나의 엄청난 착각이었다는 사실을 뒤늦게야 깨달았지. 그는 단순히 허영심 때문에 거짓말을 한 게 아니었네. 그는 과거를 지우고 있었던 거야."

안개는 시간이 갈수록 자욱했다. 조이사가 걸친 오래된 양복 저고리가 이슬비를 맞은 것처럼 젖어 있었다. 조이사에게는 꽤 무거워 보였다. 양복도, 공기도, 그의 과거도.

"백회장은 2개의 인생을 산 사람이네. 친동생에게 사기를 당한 그날부터, 더 이상 내가 알던 옛 친구가 아니었지. 그는 과거를 지우고 조작했네. 그리고 영혼의 빈자리에 완전무결한 우상을 세웠지."

조이사가 바닥에 꽂았던 지팡이에서 손을 떼었다. 검정색 지팡이는 분침처럼 조금씩 아래로 기울어졌다.

"그는 만인이 우러러보는 우뚝 선 존재가 되길 원했네. 그것은 외로운 탑이었지. 사람들에게 잘 보이게 하려면 탑을 더 높이 높이 쌓아야 했지. 하지만 위로 올라갈수록 백회장은 고독했네. 애초부터 잘못 설계된 우상이었어. 그는 자신이 만든 우상에 속았던 거야."

털썩, 지팡이가 쓰러졌다. 조이사는 무릎을 꿇고 작은 돌멩이를 모아 산처럼 쌓았다. 그러고는 그 위에 지팡이를 꽂았다.

"나는 요즘 역사라는 것을 생각할 때마다 무서워지네. 역사를 깨우치지 못하면 나쁜 일이 반복되지. 역사는 조작할 수 없는 거야. 지금 백회장의 두 아들놈이 원더랜드에서 벌이는 추악한 짓거리는 사실 처음 있는 일이 아니네. 이미 오래전에 일어났던 나쁜 일들의 반복이지."

"조이사님과 백회장이 경영권 전쟁을 벌였단 말씀인가요?"

조이사는 침통하게 고개를 끄덕였다.

"그때도 지금과 똑같았네. 원더랜드는 두 편으로 나누어졌고, 사원들은 장난감보다는 사내 정치에 빠져 있었지. 백회장이 조금만 욕심을 버렸더라면 그런 일은 없었을 거야. 나는 그를 파트너로 생각했고 사장 직을 이양할 계획이었으니까. 하지만 그는 전문경영자로는 만족하지 못했어. 백회장은 원더랜드를 통째로 가지려 했지."

조이사는 무릎에 두 손을 얹고 힘겹게 일어났다.

"먼저 공격한 쪽은 백회장이었네. 내가 '백회장을 조심해야 한다'는 측근들의 목소리를 무시하던 사이, 그는 주식을 사들이고 대주주들을 회유하고 있었지. 그때 내가 느꼈던 배신감은 이루 말할 수가 없었지. 그 분노를 어떻게 언어로 표현할 수 있겠나?"

바람이 불었다. 안개에 가려진 시야가 잠깐 개는 것 같더니, 어느새 또 다른 안개가 빈자리를 메웠다.

"나도 앉아서 당할 순 없었네. 사람들을 풀어서 백회장의 비밀을 샅샅이 긁어모았지. 탐정 비슷한 사람을 고용하고 백회장 사무실에 도청기까지 설치했지. 정말로 사람 할 짓이 아니더군. 하지만 효과는 톡톡히 봤어. 결국 백회장의 급소를 알아냈으니까. 항상 무언가를 조작해야 했던 그는, 절대로 조작해서는 안 되는 것까지 손을 댔더군."

"설마…?"

조이사는 야윈 뺨에 두 손을 대고 후 입김을 불었다.

"나는 백회장의 분식회계 장부를 입수했네. 내 눈으로 직접 확인하고 나서도 한동안 믿기지가 않았지. 너무 엄청난 일이었으니까. 분식회계란 위조지폐를 만드는 것이나 다름없는 짓이네. 그래서 금융시장의 최악의 범죄라고 말하는 것이지. 미국의 10대 기업으로 불렸던 엔론(Enron)이 허무하게 종말을 맞은 것도 망할 놈의 주가 조작 때문이었지."

"그 정도 스캔들이면 백회장을 매장시킬 수 있었을 텐데요."

"그랬지. 완벽한 네 장의 에이스 카드였으니까."

"왜 그 카드를 쓰지 않으셨죠?"

"관계 때문이네."

조이사의 형체는 안개 속에 파묻힌 듯했다. 구름 위에 떠 있는 도인처럼 느껴졌다.

"예수의 열두 제자도 조이사님만큼 경전을 따르지는 못했을 겁니다. 배신을 당하는 마지막 순간까지 오른뺨을 내밀었군요."

조이사의 답답한 행동에 신은 화가 치미는 것을 느꼈다.

"꼭 백회장과의 관계 때문은 아니네. 그 일은 이미 둘만의 관계에 국한된 게 아니었어. 나에게는 지켜야 할 사람들이 많았네. 원더랜드에는 많은 사람들이 관련되어 있었으니까. 만약 내가 경영권을 차지하기 위해 분식회계 사실을 폭로한다면 원더랜드는 걷잡을 수 없는 위기에 빠져들었을 거네. 결론적으로 그림은 좋았지만 쓸 수 없는 카드였어."

"왜 쓸 수 없습니까? 카드를 어떻게 사용하든 조이사님이 반드시 이기는 게임입니다."

 게임이라는 단어가 나오자 조이사는 흥미로운 듯 신을 쳐다봤다.

 "자네라면 어떻게 게임을 진행했겠나?"

 "상식적으로 질 수가 없는 게임이죠. 네 장의 에이스 카드를 가지고 있으니까요. 조이사님이 배짱을 가지고 베팅을 한다면 백회장은 'die'를 외칠 수밖에 없습니다. 만약 상대가 끝까지 버틴다 해도 조이사님에겐 또 다른 기회가 있습니다. 백회장이 분식회계를 한 탓에 주가는 고액 평가되어 있는 상태입니다. 조이사님에겐 막대한 시세차익을 챙길 수 있는 절호의 찬스죠. 주식을 모두 처분한 다음 분식회계 사실을 폭로한다면 일석이조가 됩니다. 이익도 챙기고 백회장에게 복수도 할 수 있으니까요."

 "하지만 그렇게 했다면 원더랜드는 무너졌을 거네. 오백 명이 넘는 직원들은 실업자로 전락하고, 관련 업체들은 연쇄 부도를 당하고, 주주들은 휴지조각이 된 주식을 망연자실 바라봐야 했겠지."

 "그들이 조이사님과 무슨 상관입니까? 어찌됐든 조이사님은 큰 이익을 보게 됩니다. 승리자가 되는 거라고요!"

 신은 답답한 듯 가슴을 쳤다.

 "그것이 바로 현대 사회에서 일어나는 전형적인 게임의 속성이라네. 겉보기엔 이겼지만 결국은 지는 것이지."

"왜 진다는 겁니까?"

"사람들을 잃으니까."

신은 가슴을 치다가 아예 발을 굴렀다.

"대체 남이 죽든 말든 무슨 상관입니까? 좋을 때는 아이를 품에 안지만 불구덩이 방 안에서는 아이를 깔고 앉는 것이 인간이란 말입니다! 친구를 배신하고, 형제를 배신하고, 조카의 재산을 빼앗아 가는 족속들을 왜 챙겨줘야 합니까? 욕 좀 얻어먹는 게 그렇게 싫으신 겁니까? 눈 한번 질끈 감으면 막대한 이익이 생기는데요?"

"아마 오탁도 그렇게 생각했을 거네."

신은 할 말을 잃었다. 바다가 하얀 혓바닥을 내밀며 출렁거렸지만 아무 소리도 들리지 않았다. 신은 병 속에 갇힌 기분이 들었다. 병 속으로 안개가 들어오다가 이제는 꽉 차버린 것 같았다. 안개는 점점 농밀해졌다. 신은 숨이 막혔다. 귀가 아프고 이명이 들렸다. 누군가 병뚜껑에 입을 대고 후우우우- 바람을 부는 것 같았다.

… '나' 라는 존재는 타인들과의 관계 속에서만 존재할 수 있다네. 관계가 끊어지면 모든 걸 잃는 거야…

물속에서 들리는 음성 같았다. 신은 머리를 감싸 쥐었다. 어딘가에 기대고 싶어도 사방이 안개였다.

"받아보게."

"네?"

조이사가 신의 재킷 주머니를 가리켰다. 주머니에 들어 있던 핸드폰이 울리고 있었다. 신은 기계적으로 화면을 열었다. 문자메시지 도착 표시가 떠 있었다. 신은 그것을 가만히 보고 있다가 확인 버튼을 눌렀다. 그러자 확인하지 않은 문자메시지들이 액정에 떠올랐다.

팀장님 옆엔 우리가 있어요. 힘내세요. 제가 꼭 지켜드릴게요.^^ 영란

낮에 큰 소리 내서 죄송해요. 팀장님이 제일 힘드실 텐데 제 입장만 생각했나 봐요. 책상 위에 화분 하나 올려놓았어요. 꼭 출근하셔서 물 주셔야 돼요. 서윤경

대장님! 소주 한잔 했습니다! 이대로 물러서면 안 됩니다! 기획2팀은 불사조입니다! 2팀 파이팅! 김대리

내 라이벌이 이렇게 약해 빠진 줄은 몰랐는데? 좀 놀려주려고 했더니 쏙 빠져나갔군. 구부사장님 말씀 기억하지? 똥을 밟으면 신발을 씻으면 된다고. 걱정 마. 다 잘될 거야. 원팀장

밤낚시나 갈까? 친구야…. 천우

문자메시지를 확인하던 신의 얼굴이 파르르 떨렸다. 그저 손가락을 몇 번 움직여 보낸 문자메시지일 뿐인데, 마음 깊은 곳에서는 폭풍이 치는 것 같았다.

"자네는 혼자가 아니네."

신은 기시감을 느꼈다. 백회장의 장례식장에서 조이사를 처음 만났을 때, 그때도 그는 신에게 혼자가 아니라고 말했다.

"지금은 힘들고 고통스럽겠지. 하지만 관계의 끈을 놓아서는 안 되네. 자네에게 상처를 주는 것도 인간이지만, 상처를 치유해 줄 유일한 약도 인간이라네. 그게 인생이야. 인생의 의미는 관계 속에 있는 거야."

작은 등대 불빛 같은 것이 두 사람 사이를 뚫고 지나갔다. 주차장 쪽을 돌아보니 앰뷸런스와 검정 세단 한 대가 라이트를 비추고 있었다.

"동물원을 탈출한 늙은 짐승을 잡으러 왔군."

희뿌연 안개 사이로 차에서 내리는 요양원 직원들이 보였다. 앰뷸런스에서는 가운을 입은 하얀 형체가 나왔고, 세단에서는 양복을 입은 검은 형체가 나왔다. 두 팀은 흑백 바둑알처럼 모여 잠깐 동안 무언가 이야기를 했다. 이윽고, 하얀 바둑알은 주차장에 남고 검정 알만 움직였다. 건장한 두 남자의 형체가 철제 계단을 밟았다. 기분 나쁜 쇳소리가 해변에 울렸다.

"5분만 기다려주게!"

조이사가 안개를 향해 소리쳤다. 안개 속의 형체가 그림자처럼 멈춰 섰다. 조이사는 바닥에 세워진 지팡이를 뽑아 팔목에 걸었다. 그리고 양복 안주머니를 뒤적였다. 4분의 1로 접힌 서류봉투가 품에서 나왔다. 조이사는 봉투를 반듯하게 펼쳐서 신에게 주었다.

"이걸… 왜?"

봉투를 열어본 신은 그 자리에서 얼어붙었다.

"저는… 네 명의 친구를 만들지 못했습니다."

"자네는 계약대로 약속을 지켰네."

"그럼 오탁도 친구란 말입니까?"

"그럴 리가 있겠나? 신의를 저버린 사람과는 친구가 될 수 없지."

신은 리포트의 주인공들을 생각했다. 네 명 중 오탁을 빼면 셋이었다. 간단한 산수였다. 분명 넷이 아니라 셋이었다.

"그럼 나머지 한 명은 누구입니까?"

신은 조이사의 눈을 응시했다. 안개에 가린 흐릿한 얼굴 위로 두 눈이 중심을 지키며 빛을 발했다. 깨끗한 눈이었다.

"허허, 그것이 자네가 풀어야 하는 마지막 수수께끼라네."

조이사가 지그시 웃었다. 찰나였지만 신은 정지된 사진을 보는 듯한 착각을 느꼈다. 조이사는 깊게 바다 냄새를 들이마신 다음 마스크를 썼다. 그리고 인사도 없이 뒤돌아 걸었다. 무심한 파도 소리가 귓전에 울렸다. 그는 점점 작아졌고 마침내 안개 속으로 사라졌다. 그것이 신이 기억하는 조이사의 마지막 모습이었다.

이틀 뒤에 조이사가 죽었다. 사인은 심장발작으로 인한 호흡장애였다. 그의 사체를 처음 목격한 간호사에 따르면, 죽은 사람이라고는 믿기지 않을 만큼 편안한 얼굴이었다고 한다.

선택

　이사실 창밖으로 먹구름이 보였다. 손가락 하나만 대면 금방이라도 우르르 비가 쏟아질 것 같았다. 신은 작은 백이사의 커다란 책상 위에 서류봉투를 올려놓았다. 시간이 멈춘 듯, 이사실은 정적에 휩싸였다.

　작은 백이사는 죽은 아버지라도 만난 양 사색이 되어 있었다. 홍보부장도 마찬가지였다. 속을 알 수 없던 그의 얼굴에도 처음으로 표정이라 부를 만한 놀라움이 그려졌다.

　꿀꺽. 작은 백이사는 침을 삼키고 서류봉투를 들었다. 떨리는 그의 손이 천천히 내용물을 꺼냈다. 꿀꺽, 또 한 번 소리가 울렸다. 조이사의 주식 위임장을 확인한 작은 백이사는 외마디 탄성을 내질렀다.

"드디어!"

작은 백이사가 으흐흐흐 탐욕스럽게 웃었다.

"내 손에 들어왔어! 드디어!"

위임장을 바라보는 작은 백이사는 환희에 차 있었다. 그는 커다란 책상을 돌아 나와 양손으로 신의 어깨를 꽉 잡았다. 이상하게 아무런 감촉도 느껴지지 않았다.

"대단해! 그 망할 놈의 영감을 구워삶다니."

작은 백이사는 개를 훈련시키는 조련사처럼 툭툭, 손바닥으로 신의 볼을 쳤다.

"난 자네가 해낼 줄 알았어! 정말이라고! 안 그런가, 홍보부장?"

어떤 대답도 들리지 않았다. 신은 홍보부장의 표정이 궁금했다.

"원하는 자리가 뭔가? 기획부장? 기획이사? 으흐흐흐, 말만 하라고. 회장만 빼놓고는 다 시켜줄 테니까. 으흐흐흐…."

신의 눈에는 작은 백이사가 속물을 연기하는 삼류 배우처럼 그저 우스꽝스러웠다. 어쩌면 이런 표정이야말로 베르사체 양복 뒤에 감춰진 그의 진짜 얼굴일지도 모른다는 생각이 들었다.

짜악. 작은 백이사가 모기를 잡듯 양손을 마주쳤다. 그리고 본격적으로 일을 시작하려는 듯 두 손을 비볐다.

"이제 구조조정 명단만 작성하면 되겠군. 이봐, 홍보부 직원 명단부터 가져와."

"지금 홍보부라고 말씀하셨습니까?"

홍보부장은 자신의 귀를 의심하듯 멍하니 두 눈만 깜박였다. 홍보부는 그동안 작은 백이사를 도와온 제1선의 부대였다.

"이참에 아둔한 월급 도둑놈들까지 다 정리해야겠어. 몇 번 술 좀 마셔줬더니 완전 날 자기 친구로 생각하더군. 분수도 모르는 것들."

작은 백이사는 커다란 책상 위에 위임장을 탁탁 내리쳤다.

"하지만 우리 부서원들은 그동안 백이사님을 위해…."

"자네 언제부터 말이 그렇게 많아졌나? 자네도 나한테 엉겨 붙을 참인가?"

홍보부장은 고장 난 텔레비전처럼 침묵했다. 그냥 고장 난 텔레비전이 아니라, 길거리에 버려진 텔레비전 같았다. 도저히 승진을 앞둔 사람의 얼굴이라고는 볼 수 없었다.

"약속대로 홍보부는 지켜주셔야 합니다."

"내가 계약서라도 써준 것처럼 말하는군. 직원 명단이나 가져와."

작은 백이사의 말이라면 어떤 일이든 즉각 실행에 옮기던 홍보부장이었지만 이번엔 움직이지 않았다. 그는 진정으로 'OFF'

되어 있었다.

"안 나가고 뭐하나?"

"홍보부는 건들 수 없습니다."

"지금 나가지 않으면 자네는 아웃이야."

작은 백이사가 엄포를 놨다. 그러나 홍보부장의 얼굴은 개종을 거부하는 순교자처럼 단호했다. 신은 이제야 그가 어울리지도 않게 작은 백이사의 수하를 자처한 이유를 알 것 같았다. 그는 무언가를 얻기 위해서가 아니라, 무언가를 지키기 위해 진흙탕에 뛰어들었던 것이다. 그는 승진이 확정된 이 순간에 주군에게 저항하기 시작했다. 그는 바보였다. 돈 한 푼 보태주지 않는 부하직원들을 지키기 위해 다 된 밥을 팽개치고 있었다.

"알량한 영웅심이군. 그런다고 누가 알아줄 것 같아?"

홍보부장은 움직이지 않았다.

"나중에 딴소리할 생각 마. 이건 분명 자네가 선택한 거니까."

작은 백이사는 쯧쯧 혀를 찼다. 그는 홍보부장을 내버려둔 채 주머니에서 열쇠를 꺼냈다. 커다란 책상의 서랍 열쇠였다. 재벌 2세들은 모두 그런지 알 수는 없지만, 하여튼 그는 주머니에 서랍 열쇠를 넣고 다니는 인물이었다.

작은 백이사가 책상서랍을 열었다. 그는 행여 구겨질까 봐 조심조심 위임장을 두 손으로 받쳐 서랍 안에 넣었다. 작은 백이사는 위임장을 내려다보며 흡족한 미소를 지었다. 그는 책상서랍에 손을 얹었다. 스스륵. 위임장이 누워 있는 서랍이 닫히고 있었다. 신의 눈에는 조이사의 영혼이 지옥으로 빨려 들어가는 것처럼 보였다.

"한 가지 기재할 사항이 남았습니다."

내내 침묵을 지키던 신이 입을 열었다.

"위임장에 말인가?"

"아직 수령인 사인을 하지 않았습니다."

서랍을 닫으려 했던 작은 백이사가 뱀눈으로 신을 쳐다봤다. 그는 위임장을 꺼내기 싫었던지, 위임장을 서랍 안에 눕힌 상태로 서명란을 확인했다.

"그렇군. 중요한 걸 깜박했어."

작은 백이사가 커다란 책상 위에 위임장을 올려놓았다. 누가 빼앗아 가기라도 할 것처럼 그는 위임장을 놓지 않았다. 그는 위임장의 양 끝을 손으로 누른 채, 그대로 신 쪽으로 밀었다. 그리고 한 손으로 재빨리 만년필을 잡은 다음 신의 손에 쥐어줬다. 펜은 제법 묵직했다.

신은 위임장의 수령인 난에 펜촉을 댔다. 스윽. 사인의 첫 획을 긋는데, 익숙지 않은 펜이 손에서 미끄러지고 말았다. 만년필은 도르르 책상 모서리로 구르더니 바닥에 떨어졌다.

"멍청하긴! 3,000달러짜리 몽블랑을 떨어뜨리면 어떡해?"

작은 백이사가 버럭 소리를 질렀다.

"죄송합니다. 손이 미끄러져서."

신경질적인 숨소리를 내던 작은 백이사는 신이 아직 위임장에 사인을 하지 않았음을 확인했다. 그는 레몬 조각의 마지막 방울을 쥐어짜내듯 억지로 웃음을 짜냈다.

"…괜찮아. 티타늄이니까…."

작은 백이사가 몽블랑을 줍기 위해 바닥에 웅크렸다. 홍보부장은 여전히 버려진 텔레비전처럼 구석 자리를 지키고 있었다.

신은 먹구름이 낀 창밖을 바라보았다. 날씨만 빼놓고는 신이 원하던 그림이었다.

'깨끗하게 임무를 완수한다. 그 대가로 승진을 한다. 승리자가 된다.'

이제 낙관만 찍으면 간절히 원하던 그림이 탄생할 것이다. 신은 화가가 마지막으로 그림을 살피듯이, 위임장을 들고 응시했다. 그런데 그림이 이상했다. 분명 원하는 대로 그려졌지만, 이제는 예전만큼 간절하지가 않았다. 그저 조이사와 함께했던 지나간 여름만이 머릿속에서 맴돌 뿐이었다.

…인생의 의미를 관계에서 찾아야 하네…

…인간으로서 성공해야 하네…

위임장에서 바다 냄새가 나는 것 같았다.

부우욱! 신은 위임장을 반으로 찢었다.

홍보부장이 전원이 들어온 텔레비전처럼 눈을 깜박였다. 만년필을 들고 일어서던 작은 백이사는, 반으로 잘려 나간 위임장을 보고 그 자리에서 엉덩방아를 찧었다. 그는 어이쿠, 소리조차 내지 못했다.

"이런, 손이 또 미끄러져버렸군요."

신은 확인을 시켜주듯이 위임장을 한 번 더 찢었다.

으아아악! 작은 백이사는 이제야 살점이 떨어져나가는 것처럼 비명을 질렀다. 이마에는 굵은 힘줄이 돋아났고, 눈은 구멍이 뚫린 듯 커졌고, 입천장 아래로는 목젖이 흔들렸다. 이번에야말로 진정 일류 배우의 표정이었다.

신은 위임장을 갈기갈기 찢은 다음 눈처럼 뿌렸다. 하얀 종이조각들이 빙글빙글 공중에서 떨어지더니 작은 부적들처럼 작은 백이사의 얼굴에 달라붙었다.

으아아아아악! 작은 백이사가 포효했다.

"지금 무슨 짓을 한 거야?"

작은 백이사가 아이처럼 주저앉아 울부짖었다. 그는 정말 울고 있었다.

"바보나 하는 짓을 했죠. 하지만 진짜 바보가 되려면 아직 멀었습니다."

신은 작은 백이사를 뒤로한 채 이사실 문을 열었다. "거기서!" 작은 백이사의 외침이 들렸지만 아무리 생각해봐도 멈출 이유가 없었다. 신은 이사실을 빠져나왔다. 그리고 긴 복도를 따라 말없이 걸었다.

뒤늦게 이사실을 빠져나온 홍보부장이 신을 불렀다. 신이 멈칫하자 그가 뛰어왔다. 무뚝뚝한 홍보부장이 달리는 모습이 신선하게 다가왔다.

"갈 곳은 있나?"

신 앞에 멈춰 선 홍보부장은 오랫동안 신의 눈을 쳐다보았다.

"친구랑 낚시를 갈 겁니다."

"내 말뜻은 그게 아니야. 원더랜드만 한 곳은 힘들겠지만, 작은 기획회사라도 만족한다면 내가…."

"말씀은 고맙습니다만 당분간은 쉬고 싶습니다. 부장님이야말로 가실 곳이 없으실 것 같은데, 같이 낚시나 가실래요?"

복도 유리창이 카메라 플래시처럼 번쩍 빛을 냈다. 이어 발바닥이 울릴 정도로 천둥이 쳤다. 그리고 빗소리가 들려왔다. 시원한 소리였다.

"이런 날 낚시를 해봤자 잡히지도 않아."

"뭐 어때요. 물고기를 잡으러 가는 것도 아닌데요."

홍보부장은 무언가를 골똘히 생각하더니 붕어처럼 입술을 뻐끔거렸다.

"물고기를 잡으러 가는 것이 아니다. 물고기를 잡으러 가는 것이…."

"또 반복법이군요."

"반복법?"

신은 아무 말도 아니라는 듯 웃어 보였다. 그러자 홍보부장도 거울처럼 조용히 따라 웃었다. 둘 다 패배자였지만 그들은 웃고 있었다. 아직 인간으로서 패배한 건 아니었다.

"잘 지내게."

홍보부장이 손을 내밀었다.

"부장님도요."

신은 타인의 손을 잡았다. 손이 참 따뜻했다.

1년 후

 장엄한 미사곡이 울려 퍼졌다. 천장이 높은 성당 꼭대기까지 비애가 스며들었다. 신은 성당의 나무의자에 앉아 기도를 했다. 비록 무신론자이긴 했지만 조이사를 위해서라면 못할 것도 없었다. 신은 정말 신이 있기를 바랐다. 조이사가 하늘 위에서 자신을 지켜봐주길 소망했다. 그렇지 않다면 마음에 커다랗고 깊은 구멍이 뚫려버릴 것만 같았다.
 신은 예배당을 둘러보았다. 새벽 호수의 수면 같은 애도의 분위기는 여러모로 백회장의 장례식과 비교되었다.
 '조이사님을 처음 만난 곳도 장례식이었지. 그러고 보니 죽음으로 만나고 죽음으로 헤어지는군. 조이사님과 나… 우리는.'
 예배가 끝나자 추모객들은 옆사람들과 목례를 했다. 신도 옆 사람과 조용히 인사를 나눴다. 생면부지의 남이었지만 조이사가 이어준 인연이라고 생각하니 낯설지가 않았다. 신은 나무의자에서 일어나 십자가에 못 박힌 예수 그리스도를 보았다. 인간의 몸에서 태어난 신의 아들. 일찍이 신의 권좌에 오를 수도 있었지만 그는 인간들과 부대꼈다. 그리 낭만적인 선택도 쿨한 선택도 아니었다. 결국엔 인간에게 모욕당하고, 부정당하고, 배신당하고, 처형당했다. 그러지 않을 수도 있었지만, 그는 그렇게 했다. 지독히도 인간들을 사랑했기 때문에. 실패로 성공을 이룬 그를 올려다보던 신은 나지막이, 아름답다, 하고 말했다.

성당 밖에는 가을비가 내리고 있었다. 신이 우산 커버를 벗기는데 누군가 말을 걸어왔다.

"우산 좀 같이 쓸 수 있을까?"

귀에 익은 목소리였다. 뒤를 돌아보니 구부사장이었다.

"오셨군요."

"당연히 와야지. 조이사님을 위한 자리니까."

신과 구부사장은 성당의 현관 처마 아래서 비를 바라보았다.

"차를 안 가지고 왔으면 내 차로 같이 가지."

"감사합니다."

두 사람은 우산을 같이 쓰고 빗속을 걸었다.

신은 성당을 빠져나가는 우산들의 무리를 보았다. 똑바로 선

우산들 사이사이 기울어진 우산들이 섞여 있었다. 기울어진 것들은 둘이 함께 쓰는 우산이었다. 우산들은 손잡이의 주인 쪽이 아니라, 하나같이 상대 쪽으로 기울어져 있었다. 신은 자신의 우산을 확인했다. 역시나 구부사장을 향해 기울어져 있다.

"시간이 참 빠르군."

"네."

"벌써 1년이 지났어."

"네, 구회장님."

오늘은 조이사가 죽은 지 1년이 되는 날이었다. 조이사의 추모식을 마치고 비 내리는 성당을 빠져나온 신과 구부사장은 검정색 세단에 올라탔다.

"회장님. 어디로 모실까요?"

운전사가 구부사장을 돌아보며 물었다. 구부사장은 스스로에게 기합을 불어넣듯 큰 소리로 말했다.

"그야 당연히 원더랜드지. 출발하게. 놀라운 세계로!"

1년 동안 많은 일들이 있었다. 먼저 구조조정에 대해 이야기하자면, 모두의 예상을 깨고 그런 일은 일어나지 않았다. 1년 동안 원더랜드에서 나간 사람은 단 두 사람뿐이었다. 바로 큰 백이사와 작은 백이사 형제였다. 경영권 전쟁에는 기막힌 반전이 숨어 있었다. 경영권을 결정하는 주주총회가 열리기 일주일 전, 죽은 백회장의 유언장이 마침내 공개되었다.

유언장의 내용은 이러했다. 백회장은 두 아들에게 상당한 유산을 남겼다. 하지만 조건이 있었다. 유산을 받길 원한다면 원더랜드의 경영권을 포기해야 한다는 단서 조항이었다. 큰 백이사와 작은 백이사는 선택해야 했다. 경영권이냐, 유산이냐? 두 형제는 후자를 선택했다. 사실 선택이라기보다는 그럴 수밖에 없는 상황이었다. 유산도 주식도 받지 못한 빈털터리가 경영권을 차지할 리 만무했기 때문이다. 두 형제는 백회장 지분의 원더랜드 주식을 모두 매각하고, 차례로 미국으로 떠났다. 미국 지사에서 본사로 복귀한 어느 중역의 이야기에 따르면, 두 형제가 캘리포니아에서 함께 골프를 치는 광경이 목격되었다고 한다. 아이들처럼 장난까지 치는 모습이 꽤 사이가 좋아 보였다고 한다. 백회장의 과거를 알고 있는 신은 어렴풋이 그의 의중을 알 것 같았다. 그는 두 아들에게 시간을 줬던 게 아니었을까? 깨닫기 위한 시간을….

미국에서 오탁에 관한 소식도 들려왔다. 오탁은 현재 텍사스 주 지방법원에 기소를 당한 상태라고 전해진다. 그의 죄명은 뜻밖에도 불법무기 소지죄였다. 도대체 어떤 무기를 지녀야 미국이라는 나라에서 불법무기 소지죄가 성립되는지는 알 수 없었지만, 어쨌든 밀리터리 게임 마니아였던 오탁은 나름대로 아메리

칸 드림을 실행하려 했던 것 같다.

떠난 사람들은 이국땅에서 자신의 스토리를 만들고 있었다. 서로 잡아먹기 위해 추악한 싸움을 벌였던 백씨 형제는 우애를 되찾았고, 오탁은 선망의 대상이었던 SWAP 특공대가 자신의 7층 아파트 유리창을 깨고 들어오는 광경을 생생히 목격했다.

문제는 남은 사람들이었다. 원더랜드를 전쟁으로 갈기갈기 찢어놓은 두 주군은 두둑한 목돈을 챙기고 캘리포니아로 가버렸다. 전장에 남겨진 병사들은 멍하니 서로를 쳐다봐야만 했다. 그들은 버려진 병사들이었다. 이제 살아남기 위해서는 경쟁이 아니라 협력을 해야 하는 판도로 바뀌었지만, 그러기엔 앙금이 깊었다. 백씨 형제가 우애를 깨달은 대가 치고는 상처들이 너무나 많았다. 이제는 남겨진 사람들이 깨달아야 할 차례였다. 서로 손을 잡는 것이 더 이익이라는 사실을. 다시는 나쁜 역사가 반복되지 말아야 한다는 사실을.

구부사장의 진가가 드러난 건 그때부터였다. 구부사장은 상처를 스토리로 만들었다. 회계장부에 올리는 더하기 빼기가 아니라, 마음을 뒤흔드는 차원 높은 스토리였다. 구부사장은 백씨 형제를 설득해, 그들의 주식을 우리사주에서 매입할 수 있게 만들었다. 30% 가까이 되는 주식이 한꺼번에 시장에 쏟아지게 놔둘 수는 없었다. 구부사장은 두 파로 나누어진 원더랜드에 화두를 던졌다. 그것은 '전문경영인 체제'의 확립이었다. 원더랜드의 모든 사람이 경영권 분쟁의 피해를 뼛속 깊이 깨닫고 있었다. 두 번 다시 그런 일어나지 않게 하려면 백씨 형제의 주식을 사야 했다. 큰 백이사파와 작은 백이사파, 경영진과 노조 모두가 뭉쳐야 가능한 일이었다.

원더랜드의 주가는 백회장이 죽은 날부터 연일 하향세를 그리고 있었다. 총무과에서 우리사주 매입 신청자를 받는다는 공고를 붙였을 때 모두가 의구심을 표명한 건 당연지사였다. 신 역시 그랬다.

'과연 하락 중인 주식을 사는 사람이 몇 명이나 될까? 21세기에 회사를 살리기 위해 월급을 포기하는 바보들이 있을까?'

하지만 신은 10개월치의 급여 대신 원더랜드의 주식을 선택했다. 사는 순간 떨어지는 주식임을 알고 있었지만 그렇게 했다. 누가 등을 떠밀어서가 아니었다. 마음이 그렇게 시켰기 때문이다.

우리사주 매입 신청자를 받는 첫날, 신은 총무과로 내려가기 위해 12층에서 엘리베이터를 탔다. 그날따라 엘리베이터 안에는 사람들이 많았다. 한 층을 내려갈 때마다 안으로 사람들이 밀려 들어왔고, 8층에 내려왔을 때는 이미 정원초과 벨이 울리고 있었다. 평소 같았으면 만원 엘리베이터에서 짜증을 내던 사람들이, 이날만큼은 하나씩 보물을 쥔 표정을 짓고 있었다. 발을 밟혀도 아프지가 않은 모양이었다.

엘리베이터는 총무과가 위치한 5층에서 멈췄다. 스르륵, 문이 열리자 실로 놀라운 광경이 펼쳐졌다. 신뿐만 아니라 엘리베이터의 일행 모두가 놀라움을 금치 못했다. 5층 복도는 우리사주 매입 신청자들로 인산인해를 이루고 있었다. 총무과로 이어진 끝없는 줄은 복도를 가득 메우고, 그것도 모자라 비상계단까지 이어져 있었다.

엘리베이터의 일행이 넋을 잃고 복도의 행렬을 바라보자, 여기저기서 폭소가 터져 나왔다. 그들 역시 엘리베이터에서 처음 내렸을 때 똑같은 얼굴을 하고 있었기 때문이다.

"거기 지각생들, 구경났어? 뭘 그리 쳐다봐."

"줄을 서시오! 줄을!"

"호호호. 지금이라도 늦지 않았으니 다시 생각해보세요."

"그래. 까짓것 우리가 다 사버릴 테니까."

엘리베이터에서 내린 사람들은 줄을 서기 위해 복도를 따라 걸었다. 줄을 거슬러 가는 도중에 신은 영란과 마주쳤다. 영란은 당첨된 복권이라도 바꾸러 가는 양 함박 웃으며 손가락으로 승리의 V자를 그렸다.

복도를 지나 비상구로 들어서자, 사람들은 다시 한 번 놀라고 말았다. 층계 한 칸 한 칸마다 원더랜드의 직원들이 발을 딛고

서 있었다. 그 줄은 5층에서 6층으로, 6층에서 7층으로 꼭대기까지 뻗어 있었다. 일행 중 누군가는 몸서리를 치더니 "다들 미쳤나 봐" 하고 말했다. 사람들은 계단을 밟고 올라갔다. 이제는 아무도 웃지 않았다. 계단을 밟는 구두 소리만이 규칙적으로 하늘을 향해 이어졌다. 신은 계단을 오르며 마주치는 얼굴들을 보았다. 6층 계단에는 무뚝뚝한 홍보부장의 얼굴이 보였고, 7층에는 원팀장의 얼굴이 보였고, 8층에는 구부사장과 노조위원장의 얼굴이 나란히 보였다. 물론 반가운 얼굴만 있는 것은 아니었다. 9층 계단에서는 기획이사와 마주쳤다. 신은 잠시 머뭇거리다 그에게 소리 없이 목례했다. 신을 쫓아내지 못해 안달이 났던 그였지만, 이날은 달랐다. 인사를 마치고 계단을 오르는 순간, 기획이사가 신의 어깨를 토닥였다. 순간 온몸에 전기가 흐르는 것 같았다. 신은 최면에 걸린 듯 낮게 말했다.

"인생은 밥이 아니라 술…."

신을 포함한 사람들이 줄을 서기 위해 멈춘 곳은 13층이었다. 사실 기획팀이 있는 12층에서 내려갈 필요가 전혀 없었던 것이다. 사람들은 줄을 따라 차례대로 계단에 올라섰다. 신의 바로 앞, 그러니까 아래 계단에는 자재과의 여자 직원이 서 있었다. 오래전부터 서로가 얼굴은 알고 있었지만 인사를 나눈 적은 없었다. 존재는 알고 있지만 어떤 의미도 없는 남이었다. 그런데 그날은 의미가 되었다. 그녀의 어깨가 떨리고 있었다. 이상하다 싶어 옆얼굴을 쳐다보니 볼이 붉게 물들었다. 그녀는 손으로 입을 가린 채 울음을 참고 있었다. 그녀의 흐느낌이 새어 나오자 계단은 일순 숙연해졌다. 그리고 잠시 뒤, 여기저기서 울음을 참는 헛기침들이 들렸다. 신은 조용히 그녀에게 손수건을 건네주었다.

"고맙습니다… 고맙습니다…."

코끝이 찡했다. 신은 가슴에서 북받치는 뜨거운 무언가를 느꼈다. 그것은 작은 호의에 대한 인사말이 아니었다. 그것은 아직도 세상에 남아 있어준 바보들에 대한 고마움이었다. 신은 1년이 지난 지금도 그 말을 잊을 수 없었다. 고맙습니다….

검정 세단의 유리창에 빗물이 흘러내렸다. 그 너머로 원더랜드의 빌딩 사옥이 보였다. 가을비를 맞고 있는 신의 일터는 우주에서 내려다보는 푸른 지구만큼 애틋했다.

"이번 달 산악회 모임 말일세."

구부사장, 아니 이제는 명실상부한 원더랜드의 CEO가 된 구회장이 입을 열었다.

"난 어려울 것 같아. 출장을 가야 하거든."

"제가 공지를 올리겠습니다. 그런데 회원들이 많이 실망하겠네요."

구회장과 북한산을 함께 탄 이후, 신은 산악회 모임에 꾸준히 참석했다. 신은 산악회의 정식 멤버이자 인터넷 카페의 관리자이기도 했다. 사실 신은 산악회뿐만 아니라 몇 개의 모임에 더 가입해 있었다.

"아마 많이들 실망할 걸세. 자네도 참석할 수 없을 테니까."

"네?"

"자네는 다음 주에 나하고 같이 뉴욕에 가야 하네. 그쪽에서도 'DP-프로젝트'에 관심이 많아."

구회장은 차창 밖을 바라보며 〈사랑은 비를 타고〉의 주제곡을 한 소절 허밍했다.

"디지털 페이퍼(Digital Paper)라. 컴퓨터로 종이를 접는다. 접은 종이가 살아 움직인다. 그것들이 하나의 세계가 된다. 그리고 인터넷으로 다른 세계와 교류한다… 자네 도대체 어떻게 이런 기막힌 생각을 한 건가?"

구회장이 천진난만한 표정으로 물었다. DP-프로젝트는 신이 기획한 작품으로, 출시도 하기 전에 업계로부터 주목을 받고 있었다.

"조이사님이 항상 저에게 종이를 접어주셨죠. 당시에는 몰랐지만 곰곰이 생각해보니, 조이사님이 종이를 접은 데는 이유가 있을 거라는 생각이 들었습니다. 종이접기야말로 장난감의 기본적인 형태라 할 수 있죠. 네모난 종이와 상상력만 있으면 무엇이든 만들 수 있으니까요. 누구나 즐겁게 만드는 장난감, 그러면서 친구와 공유하는 장난감. 어쩌면 이런 것이야말로 원더랜드가 제시해야 할 장난감의 모습인지도 모른다고 생각했습니다."

구회장은 신의 대답에 흡족한 미소를 지었다.

"조이사님이 없었다면 DP-프로젝트는 태어나지 못했을 겁니다."

"나 역시 마찬가지네. 그분이 아니었다면…."

구회장과 신은 많은 것을 공유하고 있었다. DP-프로젝트도 산악회도 그중 일부였다. 하지만 두 사람의 가장 큰 공통분모는 조이사였다.

목적지가 다가오자 구회장은 애잔한 눈으로 빌딩 사옥 외벽에 붙어 있는 원더랜드의 로고를 바라보았다.

"내년이면 원더랜드 창립 40주년이 되네. 회사에서는 원더랜드 40년 역사를 담은 기념 사사를 제작 중이지. 나는 그 책을 통해 잃어버린 역사를 복원할 계획이네. 그것이 원더랜드의 아이덴티티를 확립하는 길이니까."

"그럼 이제 조이사님이 원더랜드의 창립자로 기록된다는 겁니까?"

"물론이네."

신은 환희에 찬 얼굴로 구회장을 바라보았다. 구회장이 웃으며 고개를 끄덕였다. 신은 자신도 모르게 "고맙습니다!" 하고 크게 외쳤다. 차 천장에서 들리는 빗소리가 잦아들고 있었다.

에필로그

마지막 친구

옥상의 풍경은 크게 변했다. 회색 콘크리트 바닥에는 인조잔디가 깔리고, 커다란 화분들이 꽃나무들을 받치고 있었다. 자판기가 있던 자리에는 등나무 벤치가 놓여 있었다. 신은 등나무 벤치 기둥에 한 손을 올려놓았다. 마지막 빗방울이 똑, 손등에 떨어졌다.

"비가 그쳤네요."

신은 뒤를 돌아봤다. 어느샌가 영란이 다가와 있었다. 영란은 신의 옆에 선 다음 하늘을 향해 손바닥을 내밀었다. 작고 예쁜 손이었다. 그리고 포옹해주는 법을 아는 손이었다.

"무슨 생각 하고 계셨어요?"

"바보들의 계산법."

영란이 커다란 눈으로 신을 올려다보았다.

"어쩌면 바보들의 계산법이 따로 있을지 몰라. 우리는 작년에 월급 대신 원더랜드의 주식을 샀지. 그땐 분명 손해 보는 바보짓이었어. 하지만 돌이켜보면 밑지는 장사가 아니었지."

영란은 고개를 끄덕이며 맞장구쳤다.

"맞아요. 이왕 할 바보짓이면 화끈하게 할 걸 그랬어요. 1년 사이에 주식이 2배로 오를 줄 누가 알았겠어요."

"게임이었던 거야. **소수가 참여하면 참패하지만, 모두가 참여하면 이기는 게임.** 만약 인류가 이 사실을 깨닫는다면…."

영란이 검지손가락을 신의 입술에 갖다 댔다.

"쉿! 인류도 좋지만 먼저 나부터 챙겨줘야 하는 거 명심해, 자기야!"

신이 화들짝 놀라 옥상 주위를 둘러보았다.

"회사에서는 그렇게 부르지 말랬잖아."

"뭐 어때. 보는 사람도 없는데."

신이 무언가 말하려고 하자, 영란은 잽싸게 까치발을 들고 신의 볼에 입을 맞췄다. 신의 두 볼이 붉어졌다.

"자기야. 토요일에 나 연극 하는 거 알지? 장미꽃 백 송이 들고 찾아와야 해."

영란이 명랑하게 말하며 손을 흔들었다. 신은 항복하듯 어깨를 으쓱했다.

영란이 옥상에서 사라지자 신은 기습적인 키스를 당한 왼쪽 뺨을 매만졌다. 촉촉한 입술의 감촉이 남아 있었다. 신은 이런 기분이 아직도 낯설었다. 인간과 인간 사이의 따뜻함, 그리고 부드러움. 조이사를 만나지 않았다면 이 감정이 얼마나 소중한 보물인지 깨닫지 못했을 것이다.

신은 등나무의 빈 의자를 내려다보았다. 안쪽 의자엔 물기가 많지 않았다. 신은 손수건으로 의자의 물기를 닦았다. 그리고 자판기에서 커피를 뽑아 와 의자에 앉았다.

'그러고 보니 혼자 커피를 마신 지도 오랜만이군.'

도시는 가을비에 젖어 있었다. 신은 입김을 불고 커피를 한 모금 마셨다. 인스턴트 커피였지만 그를 만족시키기엔 충분했다. 신은 주머니에서 핸드폰을 꺼냈다. 그리고 자신의 트위터 계정에 접속해 글을 남겼다. 1년 동안 하루도 빼먹지 않고 쓰는 명상의 글이었다.

하루에 한 번 혼자만의 시간을 갖자.
자신과 대화를 나눌 줄 아는 성숙한 인간이 되자.
성숙한 마음으로 세상과 소통하자.

애초에 신은 내면의 성찰을 위해 명상의 글을 썼다. 그러다 언제부터인가 하나둘 지인들이 답글을 달아주기 시작했다. 일상의 작은 깨달음이었지만 누군가와 교류한다는 사실에 신은 감사했다. 신은 그 교류 속에 의미가 숨어 있다는 것을 알고 있었다.

신은 산악회 홈페이지로 이동하기 위해 검지를 액정 위에 올려놓았다.

그때, 소슬바람이 불었다. 등나무를 감싼 인공 장미에 맺혀 있던 빗방울이 후두둑 떨어졌다. 액정 위에 눈물 같은 물방울들이 맺혔다. 신은 옷깃으로 액정을 훔쳤다. 그 순간, 신의 개인 이메일 주소로 한 통의 메일이 도착했다. 발신인은 원더랜드 직원을 나타내는 '@wonderland' 도메인을 쓰고 있었다. 아이디는 'zero'였다.

"원더랜드의… 제로?"

묘한 기분이 들었다. 아무에게나 주어지는 아이디가 아니었다. 신은 죽은 백회장의 아이디가 'one'이었다는 사실을 상기했다. 누구인지 모르겠지만 원더랜드의 주요 임원인 것은 분명했다.

"설마 옥상에서 놀고 있다고 메일로 질책하는 건 아니겠지?"

혼자 코웃음을 쳤지만 긴장되는 마음은 어쩔 수 없었다. 신은 심호흡을 하고 이메일을 열었다.

잘 지내고 있는가?

나는 이메일 타임머신 프로그램을 이용해 글을 쓰고 있다네.

이 프로그램을 이용하면 원하는 시간에 메일을 보낼 수 있지.

만약 자네가 이 글을 읽게 된다면, 아쉽게도 내가 도착하지 못하는 미래가 될 것이네.

나는 곧 수술을 받으러 먼 타국으로 떠날 걸세.

믿기진 않겠지만 나는 오랫동안 정상인의 절반의 산소만으로 살아왔지.

수술이 성공한다면 자네와 다시 티타임을 갖겠지만… 왠지 작별의 인사를 미리 남겨놔야 할 것 같은 예감이 드네.

잠시 심장이 멈춘 것 같았다. 신은 보이지 않는 파도에 온몸이 휩쓸리는 기분이 들었다.

내가 자네와 '인연'이라고 했던 말을 기억하나?

이제 우리 사이의 의미를 말해야 할 시간이 온 것 같네.

자네와 나, 그리고 백회장 사이의 의미를….

백회장이 죽기 한 달 전에 나에게 연락을 했다네.

그는 내게 유언장 작성의 참관인이 되어달라고 부탁했지.
하지만 나는 그의 요청을 거부했네.
난 그때까지 백회장을 용서할 수 없었지.
나는 '약속을 지켜라'라고만 말하고 냉정하게 전화를 끊었네.

사실 나는 원더랜드를 나올 때 백회장에게 한 가지 약속을 받아
냈네.
백회장의 후임은 백가(家)도 조가(家)도 되어선 안 된다는 것이었지.
나는 원더랜드를 창업할 때부터 경영은 전문경영인에게 맡겨야 한
다는 생각을 가지고 있었네.
그가 유언장을 통해 그 약속을 지켰는지 아닌지 지금의 나로서는 알
수가 없네.
나는 그의 유언장 참관인이 되기를 거부했고 그는 곧 죽었으니까.

그의 장례식에서 나는 이루 말할 수 없는 회한에 휩싸였네.
나는 백회장의 영정을 보며 생각했지.
'만약 백회장이 상처 받았던 젊은 시절에 그를 이해해주고 바른 길
로 인도해주는 누군가가 있었다면, 백회장의 인생은 달라지지 않았
을까?
부질없는 상념이었지만 지나간 세월의 안타까움에 나는 그 생각을

떨쳐버리지 못했네.

그리고 바로 그날 밤, 자네를 만났지.

나는 자네의 모습에서 백회장의 환영을 보았네.

자네와의 짧은 대화 속에서 누군가가 지금 자네를 바로잡지 못한다면 백회장과 같은 괴물이 될지 모른다는 생각이 들었네.

나는 장례식장에서 만난 젊은이를 바른 길로 인도해주는 것이 내 인생의 마지막 소명이라는 사실을 깨달았네.

이제 내가 수수께끼를 내며 계속 방문자들을 받았던 이유를 알겠나?

난 바로 자네가 오기를 기다리고 있었던 거야.

그만큼 자네는 내게 특별한 존재였네.

나는 자네를 통해 백회장과의 훼손된 관계를 치유하고 싶었어.

내 인생의 마지막 노력이 헛되지 않았다는 것을 자네가 삶으로 증명해주길 바라네.

그것이 내가 구원받고 영원토록 지상에 머무는 길이네.

자네는 인생을 게임이라고 말했지.

하지만 인생에는 승리도 패배도 없네.

인생의 유일한 승리자는 오직 행복한 사람이라네.

앞으로도 자네는 많은 사람들에게 상처를 받을 테지만 그 아픔 속에서 의미를 찾아야 하네.
아팠던 사람만이 큰 사랑을 줄 수 있다네.
행복은 관계에서 나오는 것임을 기억해주길 바라네.
부디 이웃을 사랑하고, 인간에게 연민을 갖는 삶을 살기를 소망하네.

잘 있게나.
내 인생의 마지막 친구여….

휴대폰 액정 화면 위로 눈물방울이 떨어졌다. 신은 이제야 조 이사의 마지막 수수께끼를 풀 수 있었다.

신은 등나무 의자에서 일어나 옥상의 풀밭을 걸었다. 신은 난간에 두 손을 짚고 도시의 가을을 바라보았다. 눈물로 눈이 씻기자, 심안(心眼)이 뜨였다. 신의 눈에 하얀 빛줄기가 거미줄처럼 도시를 둘러싸고 있는 것이 보였다. 그것은 사람과 사람 사이의 보이지 않는 끈들이었다. 그것은 관계였다.

"네 번째 친구는… 바로 당신이었습니다."

신은 시공을 초월한 빛줄기가 머리 위로 떨어지는 것을 느꼈다.

상처받지 않고 행복해지는
관계의 힘

제1판 1쇄 발행 | 2013년 9월 10일
제1판 44쇄 발행 | 2025년 11월 21일

지은이 | 레이먼드 조
펴낸이 | 하영춘
펴낸곳 | 한국경제신문 한경BP
출판본부장 | 이선정
편집주간 | 김동욱
책임편집 | 이혜영
저작권 | 백상아
홍보마케팅 | 김규형 · 서은실 · 이여진 · 박도현
디자인 | 이승욱 · 권석중
본문디자인 | 디자인 현

주소 | 서울특별시 중구 청파로 463
기획편집부 | 02-360-4556, 4584
홍보마케팅부 | 02-360-4595, 4562 FAX | 02-360-4837
H | http://bp.hankyung.com   E | bp@hankyung.com
F | www.facebook.com/hankyungbp
등록 | 제 2-315(1967. 5. 15)

ISBN 978-89-475-2928-0   03320

책값은 뒤표지에 있습니다.
잘못 만들어진 책은 구입처에서 바꿔드립니다.